ジャン=クロード・バルビエ＋ブルーノ・テレ【著】
中原隆幸＋宇仁宏幸＋神田修悦＋須田文明【訳】

フランスの社会保障システム

社会保護の生成と発展

Le nouveau système
français de
protection sociale
Jean-Claude Barbier & Bruno Théret

ナカニシヤ出版

Jean-Claude BARBIER et Bruno THERET :
"LE NOUVEAU SYSTEM FRANÇAIS DE PROTECTION SOCIALE"
© Editions La Découverte, Paris, 2004.
This book is published in Japan by arrangement with LA DECOUVERTE
through le Bureau des Copyrights Français, Tokyo.

日本語版への序文

ジャン゠クロード・バルビエ
（雇用調査センター・国立科学研究院）

ブルーノ・テレ
（政治経済学際研究所・国立科学研究院・パリ第9大学）

　福祉国家の国際比較は、おそらく知識量の累積的進歩において稀有な発展を遂げた研究分野の一つである。しかし、知の蓄積によってこの研究領域に存在するいくつかの弱点が完全になくなったわけではない。その弱点について，今回の日本語版で紹介されている、フランスおよび日本に関するケーススタディと直接関連のあるものにかぎり、三つの点を指摘しておきたい。

　第1の弱点は財政の数量的側面を過度に強調しすぎるということ、および福祉国家（ウェルフェア・ステート）の直線的成長という視点、H・ウィレンスキーのような米国における初期の比較研究に起源をもつ視点を過度に強調しすぎるということである。社会保護＊に関する公的支出の規模が、ある領域においては、より優れた保護の指標であるとしても、他の領域においては必ずしもそうだとはかぎらない。たとえば、高い失業保険支出は、失業者が少ない場合には、失業というリスクに対してたしかに優れた個人的保障が実現されていることの結果だということになる。だが同時に、マクロ経済政策・金融政策が雇用に対して有利にはたらかず、弱体な保護が大量の失業者に配分されているという事実を物語るものでもありうる。したがって、社会保障支出が同一の水準にあるとしても、国

＊（訳者注）「社会保護 protection sociale」とは、本書の序章全体で説明されているように、社会保障をその中核としているが、「社会保障」よりも広義の概念である。

が変われば社会保護の面において同一の意味を有しているということにはならない。

　第2の弱点は、そしてこれは第1の弱点にも関連するのだが、社会保護分野の比較研究における国家中心的バイアスにかかわるものである。多くの比較研究と類型学は本質的に「福祉国家」**を対象として行われているが、福祉国家は社会保護システム全体の中の一部分でしかなく、その部分がシステムの中で占めるウェイトも国によりさまざまである。フランスのケースに関して、本書で実証的に提示される社会保護の概念においては、次の二つの本質的な要素が強調されている。第1の要素は社会保護の概念それ自体にかかわるもので、それを政治、経済、家族の領域を媒介するものの総体と捉え、その効果は（労働者および市民としての）個人や世帯（家庭）の生活を保護することにあると考える。第2の要素は、そのようなシステム全体における国家の役割を相対化することである。国家の役割は決定的ではあるが、決して包括的ではなく、さまざまなアクターや制度からなる構図の中で、むしろ**同等なものの中の代表的なもの**にすぎない。たとえばフランスにおいて、私法上の社会保険制度の総体である社会保障（セキュリテ・ソシアル）は、「福祉国家」と同一視することはできない。社会扶助についても同様である。それはフランスで「医療福祉 medico-social」と呼ばれるものを支配する協同組合セクターの活動に基盤をおくものであり、その方針の一部は自律的に決定されている。したがって、社会保護システムの全体と福祉国家とを同一視することは、社会保障の非国家的な側面を過小評価することになり、また、システムを国家管理することが有する意味、1995年のいわゆる「ジュペ・プラン」による改革以来、医療保険において浮彫りとなったその重大な意味を考慮に入れないということになってしまう。日本においても、国家を重視しすぎることの不適切さはなお強調すべき点である。実際、国家が支出する社会保障給付や社会保険の額が比較的少ないという点から、社会保護の領域において日本は自由主義的福祉国家の一つのケースと見なされ、しばしば米国やアングロ・サクソン系の国と同列に捉えられてきた。ところが、そのような捉え方は、家族と企業の関係に関して日本と米国の間に重大な差異がある以上、完全に誤りである。日本においては、ここ20年間の改革にもかかわらず、

企業の保護者的原理が労働力人口の大半を管理している。それに対し米国の労働市場において支配的であるのは、より純粋な市場原理と個人主義的な原理である。

　多くの比較研究に見られる「国家中心的なバイアス」は、国ごとの「社会保険料」を画一的に扱い、この保険料徴収の現実の性格を捨象するという結果を生む。イギリスのような国においては、事実上、国により徴収される税（租税配当金）が給付の財源となっており、その保険的性格はイギリス流の福祉国家(ウェルフェア・ステート)の初期では象徴として重要だったかもしれないが、現在では姿を消してしまった。フランスでは事情は異なり正反対である。本書でその過程をたどるように、80年代以降、社会保護システムをファイナンスする財源構造に重大な変化が生じてきているのである。

　福祉国家についての最近の比較分析の大半に見られる弱点の第3は、次のような混同にかかわるものである。つまり、観察者が互いに矛盾する対象を同時に追い求めているのである。一方には社会保護システムの諸構成や「諸類型」をモデル化しようという当然の意図があり、他方でそれらの類型と、例外なくあらゆる国をカバーする社会保護システムの諸グループとをほぼ同一視しようとするのである。そこから、本書でフランスの場合について示した通り、同一のグループに属すると想定されたシステム相互の間に存在する、無視しがたい差異を軽視するということが生じる。現在、ほとんどのシステムにおいて制度変革が進んでいるが、その分析を試みようとする場合、そのような軽視は非常に有害なものとなる。フランスや日本、そしてこの2国だけではないが（特にオランダがそうである）、これらの国々のシステムを、今やバイブルとなった研究の中で呈示された「福祉資本主義の3類型」のいずれかに分類するためには、現実をねじ曲げなければならないだろう。地中海ヨーロッパ諸国の社会保護システムをもとに、第4のモデルを新たに加えるならば、実証レベルにおい

＊＊（訳者注）「福祉国家」という用語は、通常、英語では welfare state、仏語では Etat - providence として表現される。しかしながら、13ページで述べられるように、本書では、これら二つの用語はまったく違ったものと解釈されているので、原文で welfare state と記されている箇所には、ルビを振ることにする。

ては、さまざまな国の経験の多様性を理解するうえで、より満足のいくものとなるかもしれない。だがそれだけでは、制度変化の原因となっている国ごとの特異性を明らかにするという方法が提起する、方法論的問題を解決することにはならない。

したがって日本とフランスは従来の類型論にはおさまらないという共通点があるが、その理由はそれぞれで異なる。ここで示す通り、フランスは制度的には異質なものの混成によって成り立っている国であり、社会保護のビスマルク的伝統とベヴァリッジ的伝統がたがいに交錯し、対立し、接合している。このような区別の仕方は古いものだが、根本的には今でも的確なものだとわれわれは考える。職域の論理にもとづいた社会保険のコーポラティズム的な細分化は、政治的秩序を構造化している共和主義的・中央集権的な普遍主義とつねに対峙し合っている。本書を執筆した時点（2003年末）から、日本の読者のためにこの序文を執筆している2005年末までの間に起こった出来事は、そのことをさらに如実に物語るものであり、この点については後述することになるだろう。ドイツは、政治的秩序における連邦的分権化と、そして労働市場や教育システムの構造とも整合的なビスマルク的な社会保護システムを備えているが、フランスの場合にはそれはあてはまらない。フランスは、ビスマルク的なタイプ（イエスタ・エスピン＝アンデルセンの研究では「コーポラティズム的・保守主義的」と呼ばれる）に完全に属すると考えられているがそうではない。われわれはフランスの社会保護システムにおける変化を、まさにその混成的な特質を出発点として解釈することができる。その混成的なあり方から、一方においてコンフリクトと新たな調整が生まれ、そして他方でいくつかの可能な進化の道筋が開かれるのである。社会保護システムの新たな調整（レギュラシオン）の研究は、以下の二つの制度的源泉の間で妥協の新たな均衡を描くことによって果たされる。つまり、一方には共和的普遍主義（国家主義的）が、他方には市民社会の大部分を構造化しているコーポラティズム（反国家主義的）がある。われわれがこの長きにわたる歴史的傾向（フランソワ＝グザヴィエ・メリアンがいうように起源の痕跡）と、共和的普遍主義を強調することが必要だと考えているとしても、それは何も、われわれが普遍主義の影響を過大評価するという規範的バイアス

をもつフランスの研究者であるからではない。また、本書のいくつかの章で述べるように、フランスのシステムが細分化されていることは事実であり、そのことは不平等性という点について執拗に影響を与え続けている。そしてまさしく、そのような影響は、本書の出版時より現在にいたる2年の間の主要な実証的特徴の一つである。つまり、失業者を対象とした保険・扶助の分野において重要な改革が推し進められたのだが、2004年の地方選挙での敗北の後***、不平等の問題を解決することなく、改革は政府によって取り下げられた。同様に、2年前われわれは医療保険改革が不完全であること、政府と医療従事者、医薬品業界との間で合理的・効果的な妥協を見いだせない政府の無能ぶりを力説した。これら二つの分野において、保守派の政府は改革を前にして後退し、曖昧な決定を下すことになった。それはある意味で1995年の改革に逆戻りすることであり、失業者の所得に関しては、伝統的な地位による不平等を容認し、さらに悪化させることになったのである。

　不平等は社会問題担当相・ジャン＝ルイ・ボルローの名を冠した法案が、2004年末に採択されるとともに頂点に達する。われわれは本書の初版で、社会的ミニマムの細分化された性格と、「社会参入 l'insertion」という改革を実行するうえでの複雑さを強調した。社会参入という政策は、共和的普遍主義においては首尾一貫したものかもしれないが、現場での実践においては不協和音に直面することになる。その目的は普遍主義的であり、アングロ・サクソン流の「ワークフェア」の目的とはたしかに同一視できないが、われわれが述べた通り、その目的に反する形で、社会参入はさらに地位の不平等を拡大し続けることになったのである。参入契約がますます分化されることにより、地位が細分化することは明白である。本書（フランス語版）が刊行されて以来、フランスの労働法に新たに4種類以上の契約が規定され、あるいは予定されている。それらは社会的リスクに対する保護が多かれ少なかれ低レベルにとどまる契約にほかならない。公務員に関して3種類の地位が区別されていることは別として、フランスには20種類もの契約が存在することになるだろう。その意味では、

＊＊＊　（訳者注）2004年のフランス統一地方選挙で国民運動連合などの与党が大敗したことを指す。

フランスはラテン系の近隣諸国、スペインやイタリアなどに非常に近い国となる。

　最後に、第3の分野である年金においても、われわれが2年前に提案した分析の方向性が実証されることになった。われわれが強調した2010年時点における不安定性についても同様である。年金の世界において変革は生じなかったし、賦課方式の維持という状況の中で、年金基金が発展する可能性も控え目なものにとどまっている。だが、そこでもまた、若年で働き始めた非熟練労働者についてわれわれが2004年に喚起したように、その地位に関する不平等は是正されてはいない。

　かくして本書で指摘するように、所得の不平等性という点において、フランスはヨーロッパの中で中間的な位置にあるが、地位の不平等性に関してはますます深刻になってきている。それは特に、労働市場と労働法に関する最近の改革、および今も続行中の、やはり細分化を企図する改革において深刻である。変調をきたしたイギリスの市場に範を求める代わりに、2004年末より2005年の間、フランスの保守的右派は「デンマーク型モデル」を推進することに精力を注いできた。だが、にわかに書き上げられたそのモデルから採用されたのは、解雇と採用の容易さという点のみであった。反対に、デンマーク型に見られる社会保護の寛容さという点は、このモデルの修辞的利用においては置き去りにされている。結果として、われわれが2年前に述べたように、本書で描写し分析されるフランスの社会保護システムは、デンマークが——さまざまな問題やこの国特有の矛盾はあるとしても——そうであるのとは異なり、首尾一貫した普遍主義、高水準の給付をファイナンスするような普遍主義を実現できていない。

　日本はフランスと同様、従来の分類にはおさまらない国ではあるが、それはより深い理由による。それは問題の分類が、普遍性を気取る西洋文明と、その世俗的解釈によって深く影響を受けた認識の枠組みにもとづいていることに由来する。われわれの研究領域においては、この世俗的解釈の代表は「主流派」[1]と呼ばれる正統派経済学である。単に公的支出の額に依拠する分析や、社会保護システムの他の部分から福祉国家のみを分離することに依拠するような分析

を超えて、社会保護システムの「構造」分析を行うならば、日本はアングロ・サクソン型の自由主義的モデルからは区別されねばならないこと、そして社会保護の国民的システムの特殊な類型を示していることが明らかとなる[2]。実際、社会保障支出という尺度では福祉国家として脆弱であるとしても、そこから日本の労働者たちが、米国のように無防備に市場の不確実性に身を任せているということにはならない。というのも、日本における賃金労働者と企業の関係は、厳密な意味で個人主義的・市場的なものではなく、家族の保護という側面を多分に含んでいるからである。より正確にいえば、われわれには、日本のケースは近代的な賃労働のただ中に、社会保護の家父長的な形態を制度化しようとする例に見える。保護は直接的に企業の負うところとなるが、そのようなシステムはヨーロッパでは伝統的に家父長的あるいは加護的と形容される形態であり、西洋の経験からすれば、それが優位に立ったとしても過渡的なものでしかなかった。社会保護の日本的システムはかくして米国のそれに対立するものである。米国のシステムは、シーダ・スコチポルによって「母性的」と形容されたものにほかならない。なぜなら社会保護は、個人としては権利があるものの、労働市場にアクセスして自分たちの生活の安定をはかることができないような人々（母親、子供、高齢者——とりわけ元従軍兵士、身障者）に集中しているからである。日本の場合、社会保護システムの構成は、家族と政治的秩序の機能様態に結び付いており、大企業は家族のモデルにならって被雇用者との関係を形成し、国や行政官僚とは非常に特異な関係を取り結んでいる。

　われわれが提起するように、実際に日本が社会保護システムの**非常に独特**で多様な変化に対応しているケースであり、制度面で固有の一貫性を有しているとすれば、たとえグローバリゼーションと呼ばれる国民国家相互の関係に起き

---

(1) この問題については以下を参照：Barbier J.-C. and Letablier M.T., eds, 2005, *Politiques sociales / Social Policies : Enjeux méthodologiques et épistémologiques des comparaisons internationales / Epistemological and methodological issues in Cross National Comparison*, Brussels : PIE Pieter Lang. 序章および Bruno Théret の章を参照のこと.

(2) Bruno Théret, 《Méthodologie des comparaisons internationales, approches de l'effet sociétal et de la régulation : fondements pour une lecture structuraliste des systèmes nationaux de protection sociale 》, in *L'Année de la régulation*, vol.I, 1997, pp.163-228 参照.

た変化によりシステム内部に緊張が生じたとしても、国内の家族的・政治的基盤が同時に再検討に付されることがないかぎり、その影響は限定的なものにとどまるであろう。

　だが、著者はいずれも日本の専門家ではない以上、慎重さと節度から、また日本の読者に対する敬意から、ここで描出した比較研究をこれ以上前へ進めることができないが、何卒ご容赦のほどをお願いしたい。われわれとしては、日本の読者が自身の経験にもとづいて比較分析を進めるようにお願いしたいと思う。これから読まれる本書はフランスを対象としたものである。われわれの分析を日本の読者に紹介することを可能にしてくれた、日本の刊行者に謝意を表したい。

目　　次

日本語版への序文　　*1*

序　章　　*13*

第1章　社会保護システムの構造と構成 ———————— *19*
　1．複雑ではあるが統一的なシステム　　*20*
　2．独自性をもっているが諸外国の影響も大きいシステム　　*27*
　3．ヨーロッパとの現代的対質　　*31*

第2章　社会保護の経済動学 ———————————————— *37*
　1．1975年以降の社会保護給付　　*38*
　2．資金調達　　*43*
　3．社会保障の赤字　　*47*

第3章　社会人口学的変化のインパクト ———————— *51*
　1．出生率と高齢化は時限爆弾なのか　　*52*
　2．多様に暮らすカップルと家族　　*56*
　3．雇用の不足と社会的排除の出現　　*57*
　4．フランスの独自性？　　*60*

第4章　年金、賦課方式と積立方式 ———————————— *61*
　1．細分化されながらも一貫したシステム　　*61*
　2．賃金圧縮政策にのっとった改革　　*64*
　3．年金基金か賦課方式か：論争　　*70*
　4．年金の将来　　*76*

10

第5章　医療、限定的民営化と普遍的保障　79
　1．システムの構成　*80*
　2．公的保障を制限する諸改革　*81*
　3．ジュペ・プランの幸と不幸　*86*
　4．普遍的医療給付制度　*88*
　5．医療保険支出の国家目標　*89*
　6．医療計画化へ向かって？　*92*

第6章　失業からの保護、雇用と社会参入のための保護　95
　1．伝統的な社会扶助から社会参入政策へ　*96*
　2．社会的ミニマム　*98*
　3．社会参入最低限所得RMI　*100*
　4．失業補償手当　*103*
　5．雇用および労働と、社会保護とのさらなる関係強化　*107*

第7章　社会扶助と家族、連帯　113
　1．社会扶助と社会福祉活動　*113*
　2．家族政策のシステム　*116*
　3．高齢者のための社会的ミニマム　*121*

結　論　*123*

参考文献　*133*

訳者による補遺：日本とフランスの社会保護システムの比較　*139*
訳者あとがき　*151*
索　引　*161*

本書で使われる略語一覧

AAH : allocation d'adulte handicapé　成人障害者手当
AFEAMA : aide à la famille pour l'emploi d'une assistante maternelle agréée　認可家事支援雇用助成
AFR : allocation formation reclassement　再就職訓練手当
AGED : allocation de garde d'enfant à domicile　家庭保育手当
AGIRC : Association générale des institutions de retraite des cadres　管理職退職年金制度総連合
AI : allocation d'insertion　社会参入手当
AME : aide médicale d'Etat　国による医療援助制度
ANPE : Agence nationale pour l'emploi　全国雇用局
APA : allocation personnalisée d'autonomie　個別自律手当
APE : allocation parentale d'édaucation　育児親手当
API : allocation de parent isolé　ひとり親手当
ARE : allocation d'aide au retour à l'emploi　雇用復帰支援手当
ARH : agences régionales de l'hospitalisation　地方病院局
ARRCO : Association pour le régime de retraite complémentaire des salariés　被用者補足退職年金制度連合会
ASA : Aide sociale à l'enfance　待機特別手当
ASS : allocation spéciale de solidarité　特別連帯手当
ASSEDIC : Association pour l'emploi dans l'industrie et le commerce　商工業雇用協会
AUD : allocation unique dégressive　一律逓減手当
CADES : Caisse d'amortissement de la dette sociale　社会保障債務返済金庫
CAE : Conseil d'analyse économique　経済分析会議
CAF : Caisse d'allocations familiales　家族手当金庫
CANAM : Caisse nationale d'assurance maladie des professions indépendants　独立自営業者医療保険金庫
CANCAVA : Caisse autonome nationale de compensation d'assurance vieillesse des artisans　全国手工業者老齢保険調整自治金庫
CAT : Centre d'aide par travail　労働支援センター
CCAS : Centre communal d'action sociale　自治体社会福祉活動センター
CCSS : Commission des comptes de la Sécurité sociale　社会保障会計委員会
CES : contrat emploi-solidarité　連帯雇用契約
CFDT : Confédéation française démocratique du travail　フランス民主主義労働同盟
CGT : Confédéation généale du travail　フランス労働総同盟
CGT-FO : Confédéation généale du travail - Force ouvriére　フランス労働総同盟　労働者の力
CHRS : centre d'hébergement et de réadaptation sociale　宿泊・社会再参入センター
CIE : contrat initiative emploi　雇用イニシアチブ契約
CMU : couverture maladie universelle　普遍的医療保障

CNAF : Caisse nationale des allocations familiales　全国家族手当金庫
CNAMTS : Caisse nationale d'assurance maladie des travailleurs salariés　全国被用者医療保険金庫
CNAVTS : Caisse nationale d'assurance vieillesse des travailleurs salariés　全国被用者老齢保険金庫
COR : Conseil d'orientation des retraites　年金方針決定会議
CRDS : contribution pour le remboursement de la dette sociale　社会保障債務返済税
CSG : contribution sociale généralisée　一般福祉税
FNE : Fonds national de l'emploi　国民雇用基金
FSV : Fonds de solidarité vieillesse　老齢連帯基金
INSEE : Institut national de la statique et des études économiques　国立統計経済研究所
IRCANTEC : Institution de retraite complémentaire des agents non titulaires de l'Etat et des collectivités publiques　非正規職員補足退職年金制度
LFSS : loi de financement de la Sécurité sociale　社会保障財政法
MEDEF : Mouvement des entreprises de France　フランス産業連盟
MOC : Méthode ouverte de coordination　開放的協調
MSA : Mutualité sociale agricole　農業社会共済組合
ONDAM : objectif national d'évolution de la dépense d'assurance maladie　医療保険支出の国家目標
ORGANIC : Caisse de compensation de l'organisation autonome national de l'industrie　全国商工業自営業者自治組織調整金庫
PARE : plan d'aide au retour à l'emploi　雇用復帰支援計画
PRÉFON : Caisse nationale de prévoyance de la fonction publique　公職互助国民金庫
PSD : prestation spécifique dépendance　介護特別給付
RMI : revenu minimum d'insertion　社会参入最低限所得
RMO : références médicales opposables　拘束力のある医療指標
SMIC : salaire minimum interprofessionnel de publique　最低賃金
TUC : travaux d'utilité collective　公共的有用労働
UNAF : Union nationale des associations familiales　全国家族協会連合会
UNEDIC : Union nationale interprofessionnelle pour l'emploi et commerce　雇用協会職際連合会

序　章

　フランスでは、国民の社会保護を拡大させたように見える強力かつ持続的な成長を経験した後、1970年代中ごろから、政治的指導者たちが、社会的支出の管理と、さらにはその削減を重視する時代に入った。こうした状況はわれわれの国だけに限ったことではない。

　こうした政治的再検討に関して、社会科学においても、「社会的リスク」(疾病、老齢、障害、労災、失業、出産、社会的排除)に備えた保障の、物理的・制度的現実を考察するために用いられてきた社会保護という概念に対して、批判的な問題提起が行われることになった。フランスにおけるシステムの今日的転換とその将来を考察するためには、実のところ、このような社会保護の諸概念を明確にすることが必要である。というのも、福祉国家、社会保障、社会的問題、社会保護の国民的なシステム、これらはすべて同一のものではないからである。

　イギリス人たちが福祉国家(ウェルフェア・ステート)と呼ぶものの同義語として一般的に考えられている福祉国家(エタ・プロヴィドンス)という概念は、われわれからすれば満足のいくものではないように思われる。ピエール・ロザンヴァロンは、1981年に著書『福祉国家の危機』の中で、あらゆる社会的立法に反対する自由主義的思想家たちが侮蔑的な意味で用いる、「福祉国家(エタ・プロヴィドンス)」という使い古された表現に再び光を当てた。社会保護の正統性が政治的な場において問題視されたのは、まさしくこのときであった。だが英語のウェルフェアとは、繁栄と集団的幸福のことであり、フランス語の救いの神(プロヴィドンス)とは何の関係もない。福祉国家(エタ・プロヴィドンス)という表現から連想されるのは、超人間的で、裁量的な力の思想である。要するにこうした表現は、

多様な社会的アクターたちの間での、すなわち諸政党、高級官僚たち、諸組合、家族政策関連のさまざまな協会、経営者諸団体、医師会等々の間での妥協にもとづいて構築される、近代的な社会保護を基礎づけているものとは対極のものなのである。とりわけ福祉国家という概念は、あたかも社会保護がもっぱら国家介入に属するかのように考えさせてしまい、社会保護の多くの制度や組織が私法領域に属し、ア・プリオリに国家から独立しており、社会的パートナーたちの間で管理されていることを忘れているのである。

かくして、社会保護を福祉国家に還元することは、社会保護の発展に関係している諸制度[アンスティチュシオン]*の大部分を、これらが諸企業、家族の領域、(共済組合のような)帰属的共同体にかかわっているからという理由で、社会保護の領域から排除することにほかならない。また、逆の見方をすれば、これは、国家から独立している諸組織や諸制度を国家に同化するということでもある。後に見るように、近年のいくつかの改革が目的としてきたのはそれらを国家管理することであった。

フランスの社会保護の中核をなしている**社会保障**は、これらの諸制度のうちの一つである。福祉国家とは反対に、社会保障という制度[アンスティチュシオン]は単なるイデオロギー的・政治的な概念ではない。社会保障は私法に属するすべての諸制度[アンスティチュシオン]を包含しているが、これらの制度[アンスティチュシオン]は、それが国家からすべての社会保険料の強制的徴収権を与えられているかぎりにおいて、国家の管理下におかれている。「社会保障」という表現は英語からの借り物である。ウインストン・チャーチルによって1908年に創り出されたといわれている、英語の**ソーシャル・セキュリティー**という用語が、確固たる形で実際に確立されたのは1945年のベヴァリッジ計画においてである。この計画は第2次世界大戦以降の英国における社会保障システムに端緒を与えた。この用語がフランスで受け入れられたのは、「フランスのベヴァリッジ」である、1945年のピエール・ラロックの計画を**介して**であった。この計画の目標はまさしく「社会保障を実現すること、すなわち、あらゆる事態において社会の構成員が家族の生計を確保すべく十分な所得を享受するということを、人口のあらゆる構成員に保障する(こと)」である［Laroque, 1946］[1]。

この社会保障という表現が、今日知られているような社会保障のすべての諸制度〔アンスティチュシオン〕（医療、老齢、家族部門ごとの会計）に見られる、現在のような意味を獲得することとなったのは、ラロックの計画以降である。この諸制度〔アンスティチュシオン〕における資金調達、運営、資格の授与、給付の計算についての諸ルールは段階を経てしかるべき形で設定され、ほぼ恒常的に修正されてきた。したがって社会保障の概念によって記述されうる範囲は、この概念が制度的に深く根づいているがゆえに、きわめて広い。しかしながら、社会保障の概念が現代フランスの社会保護システムにおいてとにもかくにも中心的支柱であるとしても、この概念は社会保護といささかも混同されてはならない。たとえば、失業保険はフランスにおいて社会保障に含まれてはいない。同様に、合衆国においても、「社会保障〔ソーシャル・セキュリティー〕」がかかわっているのは、退職年金や障害者年金でしかない。したがって、とりわけ他の国々で起きたこととの比較を通じてその記述を豊かなものにしようとするのであれば、福祉国家の概念はいうまでもなく、社会保障の概念の中に、社会保護のシステムを組み入れることなどできないのである。

　したがって、社会学者のロベール・カステルと歴史学者ピエール・ロザンヴァロンが、異なった展望のもとではあれ、ほぼ同時に、1995年に提示したように、社会保護とは、広い適用範囲をもち、あらゆる歴史的時期を対象とする、「社会問題」に対する解答である、と考えられよう。この社会問題の起源は、フェルディナン・ビュイソンが19世紀末に定義した、人民は「哀れなる者であると同時に主権者」でもありえたという矛盾した事実の中に見いだされる［Renard, 2000］。しかし今日こうした古びた概念を再び取り上げてもそれは時代錯誤と捉えられかねないし、結局あたかも社会保護をめぐる論争がもっぱら歴史的に不変なものに関して行われているかのごとく捉えられかねないのである。たとえ歴史的痕跡の確認がどんなに重要であろうと、だからといって、現

＊　（訳者注）通常、insititution は、「制度」と訳されるが、以下でさまざまな社会政策が論じられる際に用いられている、régime という用語もまた「制度」と訳される。したがって、これらの違いを明確にするために、前者を訳出する際には、ルビを振ることとする。ルビのないものは、régime の訳語としての「制度」である。なお、「制度的」「制度上」という形容詞や副詞はすべて institution の意味で用いられているので、以下では特にルビは振らない。
(1) カギカッコ内の引用については本書末尾にある参考文献を参照されたい。

在の発展が綿々と続いてきた諸現象の一変化にすぎないなどと解釈できないであろう。たとえば、社会連帯に傾倒していた、社会学者エミール・デュルケームに触発されて、フランスにおける最初の社会諸立法を「連帯主義的に」推進した人々は、ある意味で、フランス革命最初の数年間の精神を継承していたのだった [Hatzfeld, 1971]。同様にして、1988 年に社会参入最低限所得（RMI）に関する法律を全会一致で採択した議員たちは、「公の扶助は神聖な義務である」という 1793 年 6 月の人権宣言に言及して、採択を行った。とはいえ、その近代的な意味での**社会保護**がようやく具体化したのは、ようやく 20 世紀になってからでしかない。この表現そのものは 20 世紀前半のフランスでは通用しなかったのであり、「社会保護のシステム」という用語が普通の言葉になったのは、1990 年代に入ってからにすぎない。

　最初に社会保護という言葉に意味を与えた人物はカール・ポラニーである [Polanyi, 1944]。彼によれば、社会は、19 世紀の転換点において、社会を破壊する恐れのある市場から自らを「保護していた」。ポラニーの見方では、社会保護は、それぞれ相対的に自律した多様な生活領域への社会の差異化をもたらしたすべての過程にかかわっている。これらの領域のうちで、（資本と労働の内的対立をともなう）資本主義的企業の市場的・経済的秩序に加えて考慮しなければならないのが、（統治者と被統治者との対立から構造化される）国家の政治的秩序であり、（これまた男と女の対立から構造化される）家族からなる家庭的領域である。

　個人主義的社会に固有な、こうした社会的差異化を考察することによって、われわれが何ゆえ、単なる経済的保護や個人的保護ではなく、社会保護を論じるのかが、理解されるであろう。社会保護について語ることができるとすれば、それは、個々人を経済的に保護することが**社会そのものを保護すること**でもあるからである。社会保護とは、差異化の過程が社会に押し付ける分裂のリスクへの防御物にほかならない [Théret, 1997]。かくして、「福祉国家」、「社会保障」、いわんや「社会問題」といった概念と比べて、**社会保護の国民的システム**の概念は記述の観点からのみ、より適切なのではない。この概念のおかげで、そのようなシステムの土台をなしている社会諸関係の複雑な接合を強調できるので

ある。

　何よりもまず、社会保護のおかげでわれわれは社会的分業がもたらすネガティブな影響にさらされずにすむ。のみならずわれわれは（社会保護によって、統治者たちが敬意を表すべき、国家財産に対する正統な諸権利が構築されるがゆえに）統治者・被統治者という分断や、（社会保護によって女性に固有な社会権が保障されるがゆえに）家庭の役割における性別分業がもたらすネガティブな影響にもさらされずにすむのである。このようにして、社会保護は国家の正統化に貢献し、また家族の生活形態の転換も促す。これと並行して、社会保護は、個人保険、財政的再分配、家族的連帯を組み合わせて、三つの主要な経済的資源配分様式を動員する。要するに、社会保護は、同一の制度的システム内部において、通常は両立しない、諸活動に関する個別の論理と集団の論理とをそれが結び付けているかぎりにおいて、国民的規模での社会的紐帯の構築に関与している。（国や歴史的時期に応じて、社会保険、社会扶助、共済組合を、異なった割合で）差異化する以上に、社会保護は社会を統一しているのである。

　また社会保護の国民的システムは、以下の五つの領域を結合させている。すなわち国家介入、社会的パートナーたちが集団的に管理している諸システム、家族という枠組みにおけるリスクのカバー、（贈与・反対贈与の関係を通じた）人々が帰属する共同体的枠組みでのリスクのカバー、そして最後になってしまったが決して軽んじるべきではないのは、市場で購入される私的サービスによる特定リスクのカバーである。かくして、社会保護の国民的システムは、多かれ少なかれ公的に、さまざまな領域における社会的欲求のカバー（年金、保健衛生上のケア、失業、障害、労災、疾病、出産、社会的排除における所得支援）を保障している諸制度(アンスティチュシオン)あるいは社会政策の単なる寄せ集めではない。これは、全体として相対的な首尾一貫性を与えられ、それ自体で勤労者社会の再生産に関与している、**マクロ・システム**でもある。したがって、このシステムの進化と形成の論理から引き出されるのは、経済的、政治的、社会人口学的、倫理的な秩序からなるグローバルな決定因についての、すなわちマクロ経済政策の諸タイプ、公権力の正統性の諸形態、家族構造と人口動態の諸状態、社会正

義についての、さまざまな考え方である。

　われわれがフランスのシステムを包括的に取り扱うと同時に分析し、システムを描き出すにあたって、こうしたシステムの複雑さや豊かさはより好都合であるように思われる。本書の前半の三つの章が目指しているのは、システムを全体として描写することであり、そのグローバルな進化を時期区分することである。ここで強調されるのは、システムが直面している社会人口学的な諸制約であり、この諸制約は、まさしく唯一「客観的な」ものである。だが、逆に、グローバル化やヨーロッパ化という国家外部からの挑戦は、政治的諸戦略にかかわり、したがってアクターの一定の自由裁量にかかわるものである。対して後半の四つの章は主要な社会保護の領域それぞれの諸問題を取り扱っている。最初に検討されるのは、退職年金と医療である。そこでは主として金融の論理が大きな争点となっている。続く章は、就労年齢層の人々にかかわる社会保障給付と社会サービス（主として、失業給付と社会的ミニマム）に割かれている。ここで重要な位置を占めているのは、雇用政策である。その規模の大きさは、われわれの見るところではフランスの社会保護システムにおける新たな展開を示している。最後に取り扱われるのは、家族政策とともに再編された、社会扶助と社会福祉活動の領域である。この領域は、その根底的な手直しにもかかわらず、今日なおもフランスにおける社会保護の独創的な特徴を構成している。

第1章
社会保護システムの構造と構成

　社会保護システムの歴史的生成におけるいくつかの重要な段階を回顧し、比較可能な世界の社会保護システムの近年の発展を位置づけるに先立ち、まずはここでシステムの概要を述べておこう（フランスの社会保護システムについての詳細な法的記述は、たとえばDupeyroux et al.［2001］で知ることができる）。

　すでに述べたように、システムの核心は、主要な「リスク」ごとに編成されている社会保障である。そのリスクのカバーは歴史的に社会保険料によって確保されてきた。たとえば、老齢年金、労災保険、医療保険、出産手当、家族手当がそれである。しかしながら、失業リスクが制度上そこに含まれていないという事実に加えて、その先駆者であるピエール・ラロックが、「一般制度」を制定した際に、彼の当初の案とは逆に、社会保障によってカバーされる諸リスクは単一の制度にまとめられてはいない。とりわけ老齢年金の場合は、同一のリスクが公的制度、民間の制度、あるいはこれらの混合制度といった複数の制度によって担われており、こうした複数の制度そのものが職業や社会的地位に応じてさらにいくつかに別れている。要するに、給付に関するさまざまな分配原理（保険、義務的扶助および・あるいは任意の扶助、共済組合、サービスの直接的な提供）は、個々の必要をカバーすべく重なり合っている。同一の機関がこれらの分配原理を同時に実施することもできる。全体としてのシステムは、カバーされているリスクのタイプ、システムに関係する「人口」、優先される資源配分原理に応じて、異なった形で機能する複数の「制度」から構成されている。

　著しく細分化され、複雑に絡み合っているシステムを、主要な流れに沿って

描写するためには、社会保護会計において優先されているアプローチから始めるのが便利である。このアプローチは、諸制度を管理しているアクターのタイプによって、現行の多様な制度を区分する。このような分類は給付のファイナンス様式とおおよそ合致している。

1. 複雑ではあるが統一的なシステム

　（把握困難な家族内での移転を除く）民間給付を含めて、システムは大きく次の三つに分割できる。まず労使代表たちが管理する社会保険、ついで、（中央および地方の）公権力の管轄である（広義の）社会扶助および社会福祉活動、最後に、任意の拠出金に依拠した、共済組合や互助会からなる諸制度を含む補足的な民間の制度、雇用主による民間制度および非営利目的組織を通じて管理される制度、がそれである。

社会保険

　社会保険には狭義の社会保障と失業保険制度が含まれている。社会保険は社会保護における支出のおよそ80％、社会的給付全体の83％以上に相当する（表1を参照）。これら社会保険の基礎的単位が制度である（500以上の制度が存在している）。

　社会保障は大きく三つの**部門**に分割されている。まずすべての国民の家族的給付全体を管理する家族部門（主として農業従事者を除く。ただし公務員は特別扱いの追加的な家族手当も受給している）、そして残り二つの部門は健康保険部門（医療、出産、障害者、死亡の保険を管理している）と老人保険部門（退職年金および遺族年金）である。これらの部門そのものは職業上の地位（被用者・非被用者、公共部門・民間部門）に応じて、また場合によっては産業部門に応じて分割されている。一般制度は（工業、商業、サービス業の）民間の被用者のためのものであり、（自営業者や農業従事者の）非被用者の基礎制度は徐々にではあるが一般制度に歩調を合わせてきている。公務員は、一般制度に属している自らの健康保険を除いて、国家が管理する彼らだけの「特別」

表1 2002年度における社会保護会計 (単位10億ユーロ)

| | 社会保険 | | | | | 社会扶助 | | 法定外の任意制度 | | | 総計 |
	社会保障制度				失業補償制度	社会保険の総計	公権力による社会的介入制度	共済組合、追加的退職年金、互助会、などの諸制度	雇用主制度	家計サービス向け非営利制度(ISBLSM)による社会的介入制度	
	一般制度	非被用者制度	補足制度	その他の制度	合計						
使 途											
社会保護給付	204	28	45	69	346	22	367	43	20	11	1	443
以下の二つを含む社会給付	166	24	45	65	301	22	323	41	20	11	1	396
・現金給付	107	18	45	60	230	22	252	20	7	10	1	290
・現物給付	59	6	e	5	71	e	71	21	13	1	0	106
社会サービス給付	38	4	0	3	45	e	45	2	0	0	e	48
運営費、財務費その他	10	2	2	1	15	2	17	0	7	0	0	24
移 転	20	1	6	47	75	2	77	5	0	0	0	82
総 計	234	31	53	117	436	26	462	48	27	11	1	549
財 源												
総保険料	141	12	50	57	260	22	282	0	20	11	0	313
以下のものを含む実効保険料	141	12	50	26	229	22	251	0	20	0	0	271
・雇用主保険料	110	0	31	16	157	14	171	0	2	0	0	173
・被用者保険料	26	0	20	10	55	8	63	0	17	0	0	80
・その他の保険料	4	12	e	e	17	0	17	0	2	0	0	18
想定保険料	0	0	0	31	31	0	31	0	0	11	0	42
租 税	50	8	0	27	85	1	86	3	0	0	0	89
移 転	35	10	9	25	78	0	78	3	0	0	0	82
国庫負担金	5	1	e	5	12	e	12	41	0	0	0	53
資産収入およびその他の収入	2	1	e	e	4	0	4	0	7	0	1	13
総 計	232	31	60	115	439	23	462	48	27	11	1	549
繰り越し	-2	e	7	-2	3	-3	e	0	-e	0	0	e

出所：DREES. 2003. eはゼロ近傍。

* （訳者注）「想定保険料」とは「雇用主から被用者に直接支払われる保険料相当額であり、それには社会保護法に定められたもの（たとえば国家公務員資格をもつ者の年金制度）もあるし、法定外のものもある」
[DREES, *Comptes de la protection sociale en 2003*, p.53]。

制度をもっている。特別制度はまた、一定の大企業、特に公営企業の被用者にもかかわっている（フランス電力 EDF 、フランス国有鉄道 SNCF 、鉱山局、等々）。

　一定のリスクに対応すべく、一般制度は給付を向上させる補足的制度によって補われている。退職年金に関する追加的な、二つの主要な強制制度が存在しており、一つはすべての被用者向けのものであり（被用者補足退職年金制度連合 ARRCO）、もう一つは管理職専用のものである（管理職退職年金制度総連合会 AGIRC）。健康保険の領域では、（任意加入を基本とする）共済組合によって、社会保障の外部で、補足が行われているが、これは傾向として、普遍的医療保障 CMU 制度とともに、普通法による補足的な保護になりつつある。

　失業保険制度（全国商工業雇用協会職際連合会 UNEDIC と商工業雇用協会 ASSEDIC）は、後になってから制定された。この制度は他の社会保障制度よりもその国家管理の度合いが弱い。しかしながら、それにもかかわらず、その他の社会保障制度同様、この保険給付と、特別連帯手当 ASS（国庫によりファイナンスされる失業最低給付）のような失業者救済的手当とが同時に支給されることは妨げられていない。また、失業対策や職業訓練に介入する公的諸機関（全国雇用局 ANPE、成人職業訓練連合会 AFPA）はこうした社会保護の部門に属していると考えられるであろう。

社会扶助と社会福祉活動

　システムの第2の支柱もまた諸リスク全体とかかわっている。これはおおよそ、他の国では**扶助**と呼ばれているものに対応している。しかしながらこのようなカテゴリーはフランスにおいてはまったく適切ではない。フランスで好まれているのは、**社会扶助**（そして、いくつかの活動については、**社会福祉活動**）という概念である。ただし社会的ミニマムは、厳密に法的な意味では社会扶助の一部ではない。

　国民会計においてこれらすべては「公権力による社会的介入制度」というタームで知られている。国庫から資金調達される、これらの制度は2002年度の社会的給付全体のおよそ10％を占めている（表1）。これらの制度は行政によ

る直接的活動や、諸給付（主として「社会的ミニマム」）の資金調達に当てられる、貨幣的移転から成っている。なおこの諸給付は独自な財源から保健衛生事業や社会福祉活動を別の手法で展開する資格を与えられている、社会保障金庫によって配分される。

　（中央や地方の）公権力による直接的諸活動はきわめて多様である。たとえば、保健衛生・社会福祉活動施設の管理や、介護者雇用への支出、高齢者の在宅介護、一時的な救済措置、等々がそれである。中央政府は、CAT（障害者のための労働援助センター）やCHRS（不安定な社会状況にある人々を一時的に引き受けることを目的とする、宿泊・社会再参入センター）にも支出しているが、直接的活動の領域における自らの権限を縮減しつつある。実際、1980年代の地方分権化法以降、普通法による社会扶助の権限は県に属し、県はまた市町村との協約を結ぶことができるようになった。県による社会扶助がカバーしているのは高齢者（施設滞在、在宅介護）、障害者（施設滞在）、児童（極端に不安定な状況におかれている家族の児童のために追加支援やサービスを提供する、児童社会扶助ASE）である。1988年以降、県はもう一つ重要な権限を獲得した。それは社会参入最低限所得RMIの受給権者たちの社会的・職業的参加活動の実施にかかわる権限である。2004年からは、国会がなおも国の計画を定めるものの、給付に関しては、県が完全に責任をもつようになった。2001年以降、県はまず要介護者向けの新しい普遍的給付（個別自律手当APA）の実施と融資にかかわるようになっている。

　市町村は、とりわけCCAS（自治体社会福祉活動センター）を通じて、社会扶助の権限を担っており、生活困難な市街や地区の対策という領域でも活動している。加えて、現物による、無償の、もしくは受益者負担をともなう**社会福祉・保健衛生サービスの提供**に最大限協力しているのが、市町村なのである（しかしこれらのサービスの管理および資金調達はしばしば行政と社会保障金庫との間でシェアされている）。これらのサービスがかかわっているのは、（親やその子供たちへの無料相談や無償援助を提供している）市町村が組織する、PMI（母性・小児保護）のような各種の諸活動である。無料診療所もまた市町村によって管理されている（この診療所は保健衛生上のケアを提供している）。

3歳以下の幼児向けの託児所、社会福祉センターも然りである。

社会的ミニマムは、国庫により資金調達されるが、その分配は社会保険機関によって行われる。2004年時点で、フランスには、八つの社会的ミニマムがある。そのうちの、主要なもの四つが、現役世代の人々に向けられている（社会参入最低限所得 RMI、成人障害者手当 AAH、ひとり親手当 API、前述の特別連帯手当 ASS）。かつて多くの若者たちに支給されていた、社会参入手当 AI は今では副次的なものになっている。非就業者にとっての、二つの主要な社会的ミニマムは、老齢者最低所得保障給付と障害者最低所得保障給付である。八つ目の最低所得保障給付は寡婦（夫）手当である。

任意加入制度と民間制度

システムにおける第3の支柱、「民間の」、「法定外の」支柱は、主として**共済的なもの**によって構成されており、これは19世紀の共済組合を継承するものである。医療ケアのカバーやその提供にとって、共済組合はきわめて重要な役割を果たしており、2004年に定められた医療保険改革でも、その役割を高めることが求められている。同じころ、普遍的医療保障 CMU を生み出した法律によって、普遍的な加入原則が追加的医療費補償保険にまで拡張された。したがっていずれは、この保険は主として共済組合によって提供されることになるはずである。退職年金やその他の給付の領域においては、共済組合に近い、専門の諸機関が、**互助**を目的として活動している。

いずれの場合でも、重要なのは、任意保険料を基礎として給付権を補うことであり、これらの機関は、その加入者に対する、あらゆる領域での保護サービスの提供を目的とした**商業的な民間活動**を行う、より広範なグループとして分類することができる。この部門は多様化されており、保険会社や銀行組織にも参入の余地が残されている。この部門は、財形貯蓄や貯蓄生命保険を運営している諸機関にも近い。現在までのところ、フランスのシステムにおいて、この部門がかかわっている相対的な割合は依然としてわずかにすぎないが、金融界はこの割合を高めようと強力にはたらきかけている。

最後に、フランスの社会保護システムにおける任意の支柱として、雇用主に

第1章 社会保護システムの構造と構成　25

表2　2001年度における制度間移転

	移転収入			移転支出		移転差引
	総額 単位： 100万 ユーロ	構成比 ％	財源に 占める 割合％	総額 単位： 100万 ユーロ	構成比 ％	
一般制度	29,694	39.4	13.8	16,659	22.2	13,035
特別基金	734	1.0	3.4	22,443	29.9	-21,709
FCOSS：社会保障諸機関補償基金[1]	13,161	17.5	100.	13,129	17.5	32
特別制度	5,444	7.2	20.4	3,108	4.1	2,336
基礎制度	14	0.0	0.0	3,377	4.5	-3,363
農業被用者	4,111	5.5	49.6	361	0.5	3,750
自営農業者	5,860	7.8	39.9	151	0.2	5,709
補足制度	8,068	10.0	17.0	575	0.8	7,493
非農業・非被用者	3,766	5.0	24.4	1,156	1.5	2,610
失業保険	765	1.0	2.5	7,859	10.5	-7,094
公権力による社会的介入制度	3,562	4.7	7.7	6,361	8.5	-2,799
総計	75,179	100.0		75,179	100.0	0

(1) FCOSS（Fonds de compensation des organismes de sécurité sociale）は資金移動のための基金であり，理論的には均衡している。出所：DREES．

よる諸制度と市民社会に由来する非営利機関の介入を考慮しなければならない。雇用主による制度は（すべてのリスク領域で）自らの従業員たちに対して追加的な給付を提供し、非営利機関は主として貧困や社会的排除の領域に介入する。

　結局のところ、任意の追加的な保護の諸制度全体を総計するならば、支給される給付は、公権力の社会的介入制度によって支払われている給付の75％に相当し、社会給付全体の7％に相当する。これは無視できない大きさである。しかしながら、まず雇用主の諸制度が多くの公営企業にもかかわっており、ついでいくつかの大共済組合、とりわけ国家公務員にかかわる共済組合がその加入者にとっての社会保障金庫の代わりをしているかぎりにおいて、この支柱を「民間のもの」と呼ぶことには慎重にならざるをえないであろう。

制度横断的資金調達がシステムの統一を保証している

　システムの細分化にもかかわらず、フランスの社会保護は、複雑性を増しながらもシステムの形成を可能にするような、その複雑性を統一する諸メカニズ

ムを含んでいる。社会保障金庫が、厳密な社会保険の原理に反して、社会扶助や社会福祉活動に属する給付を管理することで国民連帯に協力しているという事実は、こうした説明が正しいことを何よりも証明している。これは共済組合が果たしている役割においても同様である。しかし本質的なメカニズムは財政上の包括的な諸移転である。たとえば、表2からわかるように、諸制度の大多数は、自らの財源の13％以上を、制度横断的移転を通じて、受け取っている。このような諸制度間の移転、諸金庫とその他基金の間での移転を通じて、職域を超えた二つのレベルの連帯が実施されている。すなわち社会保険諸制度内部での**職域間**連帯（移転全体の70％）と、**国民**連帯——社会保険制度と公的制度との間で移転が行われている場合——がそれである。

　こうした制度横断的資金調達は、さまざまな諸制度間の財政均衡という理由のみならず、それが制度全体に象徴的な整合性を与えているという理由からもまた、社会保護システムを長期的に安定化している。実際、たとえ保険原理にもとづくコーポラティズム的連帯という経済的論理が社会保護システム内部で支配的であるとしても、最終的にはこうした移転は——社会的リスクの全般的カバーという政治的論理にもとづいて——国民連帯を優先させている。実際、大小の社会保険制度や金庫のあちこちに分散化されている赤字や、それらの制度や金庫内部での赤字の、大部分の補填を保証するのは、直接税や間接税によって資金調達される公的基金および諸制度なのである。

　より正確には四つのタイプの移転が大別されねばならない。主として人口上の**補正**のための移転（全体の44％）は、職業別人口の変化にともなう保険料支払者数と受給権者数とのゆがみを原因とする諸制度間の不均衡を緩和することに当てられている。典型的事例は、離村に直面した自営農業従事者の諸制度の例である。第2のタイプの移転を正当化しているのは、保険料を支払えない人口カテゴリーの**社会保険料の引き受け**である（全体の31％）。たとえば、全国家族手当金庫CNAFは、家庭にとどまって育児を行うための社会扶助を受けている親の退職年金保険料や、ひとり親手当の受給権者の健康保険保険料を支払っている。第3のカテゴリーは、**制度間での移転**であり、これらは、老齢連帯基金FSVの事例のように、諸給付の引き受けに当てられている（全体の

19％)。この基金が融資するのは老齢手当であり、これはあらかじめ支払われた保険料にもとづくものではなく、保険料未払いであっても、全国被用者老齢保険金庫 CNAVTS から支払われるものである。最後に、第4番目の移転（6％）は、一般制度や多様な自営業者の小制度に対する、公的諸制度による**支出（保険料の支払い）**にかかわっている。

2. 独自性をもっているが諸外国の影響も大きいシステム

アメリカの大学教員、ジョナ・D・レヴィによれば、フランスのシステムの複雑性は、「研究者にとって最悪の悩みの種」である。多様な影響が刻み込まれているこのような複雑性を説明するには、システムが構築された歴史を見るしかない。フランスのシステムは、ドイツとイギリスという二つの隣国のシステムを後追いするようにして、近代的形態をとった。ドイツ的システムとは、1883年から社会保険の法制化を導いた第2帝国首相の名前からなる「ビスマルク的」と呼ばれるシステムであった。イギリス的システムは、1945年からイギリスで実施された、1942年の社会保障計画の創始者である、ベヴァリッジ卿の名前から、「ベヴァリッジ的」と呼ばれている。

ビスマルクとベヴァリッジ

このような二つの対立する制度的論理が、フランスの社会保護に後々まで残る原初的特徴を形成している［Merrien, 1990, 1997］。1883年から1889年にかけてビスマルクが始めた社会保険制度（医療、年金、労災のための保険に関する法律）は、「こうした保険とともに年金資格がもたらす、保守主義的感覚を無産者大衆のうちに覚醒させる」という目的のもと作成されたが、それは社会主義思想に対抗するためであった［Zimmermann, 2001］。この制度では、職業活動との関係が考慮に入れられていたので、給付とサービスへのアクセスは、所得に応じて変化したし、社会的地位の差を考慮したものであった。しかしながら、この制度の当初の意図は、国家が給付の管理者および分配者となることにあったにもかかわらず、ビスマルクは、職業ベースで形成されるコーポラティズム

表3　社会保護についての歴史的2大理論

	ビスマルク的論理	ベヴァリッジ的論理
資格者・受益者	保険料を支払う労働者および権利を有する労働者	市民
保険料の特色	保険料および所得比例	定額（定率）で最小
財政様式	社会保険システム（保険料）	税による資金調達（租税および国庫負担金）
運営様式	コーポラティスト的運営	国家による運営

的な諸組織による保険管理を認めざるをえなかった［Rimlinger, 1971］。

　これに対してベヴァリッジの計画についていえば、それは統一性（単一のシステム）、均一性、普遍性（社会におけるすべての構成員に対する同一の給付）という三つの原理に基礎づけられていた。ドイツのシステムとは異なり、このシステムは、給付が、所得の定額最低限補償であるという論理と結び付いており、これは税金を通じて資金調達される（イギリスの保険料――国民保険料――は、実際、まぎれもなく税金である）。

　このような対立は上のような四つの特質（表3）に要約される。

　解放後のフランスにおける社会保障の設計者である、ピエール・ラロックについていえば、第3の教義を作り上げた人物としてその名を後世にとどめることはなかった。しかし、ロンドンでレジスタンスに復帰し、ベヴァリッジ計画を知悉していた［Kerschen, 1995］この高級官僚は、イギリスの思想とドイツの思想とに明らかに対立する自らの構想を、フランスのシステムに深く刻み込んだのである。かくして、フランスのシステムはビスマルク的方法をもってベヴァリッジ的目標を追い求めるべく構想されたと断言できるであろう［Palier, 2002］。

原初的特徴

　他国の影響もさることながら、それぞれの国民的枠組みの中には何よりもまず独自の創造物が存在する。つまり、さまざまな社会的アクター（政治家、高級官僚、労働組合、雇用主、医者、ソーシャル・ワーカー、共済組合等々）が

合意する 諸制度(アンスティチュション)がそれであり、この合意形成から、アクターたちは、政治的諸選択やありうべき諸改革の余地を将来に向けて指し示す、価値体系を生み出すのである。フランスにおいて**社会保障**がとった形態(その諸制度、諸部門の複数性、社会扶助と社会保険との区分など)は、その形態を長期の歴史の中に位置づけることで、理解されよう。現代的な展開を明らかにするには、この形態の歴史的特質のうちのいくつかにここで言及しておく必要がある(興味をもたれた読者はさらに徹底した展開がなされている、次のような著作を参照されたい:[Hatzfeld, 1971 ; Guillemard, 1986 ; Merrien, 1990 et 1997 ; Renard, 1995 ; Join-Lambert et al., 1997 ; Bec, 1998 ; Murard, 2001 ; Palier, 2002])。

　フランス革命は、近代的な社会保護権の概念を確立した——たしかに依然として壮大なプログラムにすぎなかったとはいえ——最初の試みである。ロベスピエールは、少数派にすぎなかったが、生存は神聖な義務であり、これは単に「不幸な市民」だけでなく、社会におけるすべての構成員に保障されねばならない、とまで述べている [Borgetto, Lafore, 2000]。

　1世紀以上遅れて、公立学校が無償の義務教育となった19世紀最後の10年間における社会扶助諸立法の起草者たちは、カトリック教会に対抗して共和主義的プランを主張している。それから数年も経ないうちにリスク(医療、老齢、出産、家族)ごとに編成された社会扶助法制の遺産は、最初の社会保険が設置されてからも、その後一挙に消滅したわけではない。というのも、怠け者の嫌疑をかけられ、完全な市民身分を享受せず、焼き印を押された浮浪者たちを対象とした援助とは異なり、この社会扶助法制が理性をもって連帯および不平等の矯正を理知的に正統化していたことは、とりわけ1898年の労災に関する法律とともに、同時代に出現した、社会保険の正統化と無縁ではないからである [Ewald, 1986]。この結果もたらされたのは、今日のフランスのシステムになおも精彩を与えている次のような一つの特色である。すなわちフランスのシステムにおいて保険と社会扶助は相互に浸透し合う傾向にあり、少なくともいくつかの諸国ほどには真っ向から対立する傾向にないのである。ごく最近の普遍的目的の給付——社会参入最低限所得 RMI(1988)、普遍的医療保障 CMU(2000)、個別自律手当 APA(2002)——は、そのことを物語っている。

公務員の退職年金システムが他の諸制度に対して準拠的な役割を果たしていることもまたこれらの原初的特徴にかかわっており［Friot, 1998］、こうしたことはフランス社会において公務員および公職が特殊な立場にあることを示している。

かくして、フランスのシステムはビスマルク的なものとベヴァリッジ的なものの影響下にあるが、このシステムに特徴的に示されているのは、古くはフランス革命からもたらされた諸特徴であり、公職の特殊な役割や、19世紀の転換点にフランスで生じた社会扶助や「社会問題」の取り扱いである。

1945年以降、システムの編成においてその主唱者たちは普遍的拡張を目指していた。だがそれにもかかわらずその編成は、ドイツの場合がそうであるように、賃金（非被用者への一般化とともに、所得）ベースで算定される社会保険料による拠出にもとづいた保護を優先していた。フランスの社会保障もまた、賃金喪失時における、比例的であらかじめ金額の決まっていない、所得補償給付を優先することになった。また国家から独立した、「利害関係者たちによる」運営の原理も最初から確立されていた。1946年には、勤労者の代表たちは、諸金庫において経営者代表に対して多数派（3分の2）であっただけでなく、選挙で選ばれた代表でもあった。しかしながら、1967年の改革以後、こうした原初的な「社会民主主義」による運営は（雇用主代表と勤労者代表を同数選出する）「労使代表による運営(パリテタリズム)」に委ねられることとなった。それでも、国家は、諸金庫のさまざまな理事会に出席し、とりわけ保険料と給付の枠組みを決定すべく、社会保障諸機関の運営に介入する権利をつねに保持していた。したがってこれはむしろ3者協議による運営というべきであろう。

ベヴァリッジ流に、市民権を要求することができるすべての個人にまで拡張するというわけにはいかなかったものの、社会的カバーは、次のような相異なる手段を通じてではあるが、次第に普遍的なものになっていった。まず（当初カバーされていなかった諸リスクに対応する）新しい装置の導入——1958年に導入された失業保険がその例である——。ついで（たとえば、退職年金用の）補足的補償の追加、さらには被用者の一般制度に隣接した（農業従事者の制度のような）諸制度の創設、もはや雇用にではなく、居住にもとづいた特定の給

付へのアクセスの普遍化（家族手当、保健衛生）、がそれである。

3. ヨーロッパとの現代的対質

　「他国ではどのように行われているのか」をめぐる論争は政治家だけの関心事ではない。これは政治学や経済学の研究における古典的テーマである。初期の比較研究は進化論的図式を優先してきたし、社会保護の構築を、産業化と民主化の論理的かつ普遍的な階梯と見なしてきた［Wilensky, 1975］。1980年代以降、諸研究は反対に社会保護の国民的システムの多様性を強調した［Flora et Heidenheimer, 1981 ; Flora, 1986］。社会保護のシステムは複数のグループに分けられ、そのグループの進化と改革が比較された。後に見るように、これらのグループのどれか一つの中にフランスを満足できるような形で位置づけることはつねに困難であった。

　政治的な面からすれば、われわれの国は欧州連合（EU）における他の加盟各国との比較に、ますますさらされているようにも思われる。実際、社会的なテーマに関する事柄は依然として国民国家の管轄であるにもかかわらず、EUは、とりわけ雇用政策の調整が制定されて以来（1997年のルクセンブルグ・ヨーロッパ・サミット）、また2000年のリスボン・サミットで社会的・経済的方向性が決定されて以来、こうした社会的な領域での改革者たるべしと主張している。その使命とは、男女同権の促進、人口の高齢化が退職年金システムの将来に与える影響の分析、社会的排除、生涯教育の役割、その他についてである。こうした状況は、「ヨーロッパの行動計画」がほんのわずかな「社会諸問題」にかかわることであった1970年代という時代と比べて好対照をなしている。

　かくして社会保護が考察される際の用語において（ヨーロッパレベルでの）均質化が進んでいるのである。この均質化は、さまざまな諸国が、部分的に共通の進化（人口問題、労働市場の柔軟化、金融のグローバル化等々）に直面しているという事実から理解できよう。しかしだからといって、その収斂を、ましてやヨーロッパ規模での制度的調和を語ることはできない。諸国民的システ

ムが直面している共通の挑戦が、さまざまな社会情勢にもかかわらずまったく同一の調整を引き起こすなどと考えるわけにはいかないであろう。システムを諸々の「グループ」に分けるという考えが意味をもつのはまさしくここにおいてである。

フランスは「コーポラティズム的・保守的」システムなのか

ビスマルク的システムとベヴァリッジ的システムとの間にある対立を超えて、国際社会保障協会のギィ・ペロンは、1960年代末に、社会保障システムを三つのタイプに分けた。まず（市民権に基礎をおいた、アングロ・サクソンやスカンディナヴィアの）統一的な国民的モデル。ついで、（労働者たちの社会保険方式に基礎をおいた）統一的職域別モデル。第3のモデルは、（複数の制度によって組織される）多元的職域別モデルである。つまるところ、どちらかといえばフランスはこの第3のモデルに整理される。イギリスのリチャード・M・ティトマスもまた1974年に次のような三つのモデルの区別を行っている。まず残余的モデル。このモデルでは国家は最低限度にしか介入せず、もっぱら家族や市場に頼る。ついで、制度的・再分配モデル。このモデルでは社会保護が社会の中心制度と見なされており、社会保護は普遍的な社会サービスの供給と同時進行する。第3のモデルは、個々人の経済的貢献に基礎をおくモデル（産業上の達成とパフォーマンスにもとづくモデル）である。

デンマークの政治学者イエスタ・エスピン＝アンデルセンが提唱した、現在もっとも影響力のある、類型学は、このティトマスから直接着想を得て、ドイツとともにフランスを、別名「大陸的」とも称される、「コーポラティズム的・保守主義的」と呼ばれる集団に分類している［Esping Andersen, 1990, 1999］。たしかにフランスは「自由主義」のグループに属しておらず、いわんや、ティトマスの残余的モデルに対応する、「アングロ・サクソン」のグループにも属していない。またフランスは「社会民主主義」のグループにも属していない。このデンマーク、スウェーデン、ノルウェーからなる社会民主主義的なグループは、産業民主主義を説きつつ、1930年代から1970年代末にかけてほぼ連続してこれらの国々で政権の座に就いていた、社会主義政党の政権が作り上げた

成果に由来するものである。この集団に存在しているのは普遍的社会権の一般化であり、社会的給付とサービスとの平等な供給である。しかしながらイギリスのシステム同様これらの国々で優勢な、ベヴァリッジ的論理は、これらの国々では「最大限主義的」であり、また再分配中心的なものであって、イギリスとは異なり決して「最小限主義的」ではない。

かくして一見したところあらゆることから判断して、フランスは「大陸的」なグループの内に含まれるように見える。この大陸的グループの古典的なタイプとは、ビスマルク的論理が優勢な、ドイツである。しかしながらことはそれほど単純ではない。

ハイブリッドなシステム

国際比較によってしばしば示されているのは、大陸的グループはその再編不可能性をもってひとくくりにされているということである。こうした相対的に決定論的な予言が強く示唆しているのは、われわれが本質的に静学的な、類型学的推論の罠から抜け出さねばならないということである。結局、フランスにおけるここ30年間の大きな変化を理解することが重要であるとすれば、しばしば、小さな違いが諸国の歴史的軌道の分岐をもたらすことがあるということを忘れてはならない [Théret, 2002a]。

さらに、念入りな分類を行い、ドイツとともにフランスを同じグループに分類することの有用性を他の論者 [MIRE, 1996] とともに疑う、もう一つの理由が存在する。家族の問題や労働市場における女性の役割の問題からすればこうした疑念はとりわけ高まる。フランスのシステムはたしかに、歴史的には、戦前、家族的結合のまったくもって家父長主義的な（家族手当はなによりも、経営者が思うがままに行う、労働者の賃金への追加であった）、ついで出産奨励主義的な側面を有していた。こうした特徴は、ユダヤ人の排除、フランス人の「起原」に関する熱狂、きわめて多数の家族への出産奨励金の給付、公職からの女性の排除等々と組み合わさって、ヴィシー時代の法律において頂点に達した。しかし不評を被ったこのような家族主義は、ドイツないしイタリアとは異なり、戦後、より混合的な形態へ、高まりつつあった女性の職業活動への参加と両立

可能な形態へと変貌した。男女間の就業率格差は、たしかにフランスではスカンディナヴィア諸国よりもかなり大きいが、同時に、幼児保育政策、労働市場からの一時的退出を支援する諸給付によって、フランスのシステムは、より「家族主義的な」ドイツのシステムと明確に区別される。こうした見地からすれば、フランスはスウェーデンにより近い。

　また別の面から見て、フランスのシステムは社会民主主義タイプとの類似性を有しており、とりわけ雇用および反排除政策（ヨーロッパレベルで成功した名称）の領域の事例——もっともフランスではこうした方向は、たとえばデンマークにおけるほどには量的な成功をもたらさなかった——にそれを見て取ることができる。1970年代末に発案された、他国に例を見ない、**社会参入**という考え方はこのことを証明している［Barbier, 2002b］。

　最後に、以下の諸章で示される、大がかりな諸改革は、その混合的な性格を強めることで、1970年代の諸システムを根底から変えてしまった。結局それらのシステムの比較から引き出されるのはフランスとドイツの類似性よりもフランスのシステムに固有な歴史的特質に注意を払うべきであるということである。フランスのシステムは、リスクの領域や歴史的な社会情勢に応じて、相異なるグループの特徴を独創的に混ぜ合わせ、同時にそれを違った形で組み合わせ、階層化しているのである。

リスクに応じてさまざまな方向へ進化できるシステム

　かくして、近年のフランスにおけるシステムの変化を捉えるには、システムを他から区別しているもの、そしてシステムにハイブリッドな性格を与えているものを強調しておかなければならない。

　以下の諸章は、1970年代初頭に出現したような、フランス流の社会保護から議論を始めることにしよう。もっとも、いわゆる「福祉国家の危機」（エタ・プロヴィドンス）［Rosanvallon, 1981］ないし**危機にある庇護国家**［OECD, 1981］という分析が普及し始めたのもこのころからである。これらの分析が主張しようとしていたのは、政治的支持を得られないために、社会保護は財政的困難の中で身動きがとれなくなり、いたるところで致命的な後退を余儀なくされ、アングロ・サクソンの

残余的モデルに収斂する、というものであった。このようなことは、システムにおける寛容度がおおよそ全体的に低下したことを除けば、フランスにも他の諸国にも起こりなどしなかった。下方へと向かう体系的な収斂は存在しなかったのであり、特定の「社会的まとまり」が重視されつつも、制度上の差異は広く維持され、さらには強化されたのである。

　こうした進化の中で、社会的アクターたちは、労使間や国家を含めた3者間、さらにはその国家管理との間での緊張関係の中で、たえず重要な役割を果たしてきたことが後に明らかになるであろう。実をいえば、諸勢力の既存の均衡は、リスク、制度(レジーム)、労働組合の分化などに応じて、大いに変化する〔Pollet et Renard, 1997〕。諸部門ごとに、諸勢力の布置は次の2極にそれぞれ配分される。すなわち労使代表による調停の度合いが低い極（被用者の一般制度における強力な国家管理）とその度合いが高い極（補足年金と失業保険に対応する）である。同盟の構造もまた時代によって変化してきた。経営者代表（フランス全国経営者評議会CNPF、1998年からはフランス産業連盟MEDEF）の改良主義的パートナーとしてのフランス民主主義労働同盟CFDTは労働総同盟・労働者の力CGT-FOに取って代わったのである。

　より根本的に、われわれが指摘しているのは、隣国と同様に、フランスのシステムが、「グローバル化」ないし情報通信技術の発展といった巨大な超・人間的諸力に対して機械的に反応するにとどまっていないということである。たしかにシステムは経済循環のテンポにしたがって、また国際政治や経済の進化にかかわって、変容する（第2章）。しかしこれらの進化は各国で運営されている経済政策と無関係ではなく、システムは国の内的進化にも反応を示す。この内的進化は他の国の進化とまったく同じものではないだけでなく（第3章）、同じようなものとも考えられない。社会保護は集団的想像力のなせるものであり、何よりも歴史的に構成された政治的共同体内部で定義される明確な諸カテゴリーの実現にかかわるものである。たとえこの共同体がさまざまな諸外国の影響を吸収するとしても、この共同体では一定の社会正義についての概念が優先される。

　最後に、システムの進化の動態という観点からすれば、社会保護のシステム

は、大きく二つの部分に分けられねばならない。この二つの部分は発展と改革に関して著しく異なった諸論理にしたがっている。すなわち、年金と保健衛生（第4・5章）にかかわる部分と、失業、家族、貧困（第6・7章）にかかわる部分がそれである。これら二つの部分集合は同一の重みをもつものでもなければ、同一の動態をもつものでもない。なぜならそれぞれの部分に直接関与するアクターは同一ではないし、同一の内的、外的圧力に対して一様に服してはいないからである。

第2章
社会保護の経済動学

　福祉国家の危機に関する文献では、戦後継承されてきた社会保護制度は国によって顕著に異なると捉えられる。他方、たいていの場合、危機の原因はほぼ同一と捉えられ、危機から抜け出すための解決策もほぼ普遍的なものとして捉えられる。そして、改革については、全体に課された次の二つの大きな制約に対するやむをえない反応として、捉えられる。第1は外的な制約であり、「グローバル化」である。第2は、人口の高齢化と家族生活様式の変容に示される、内的な制約である。しかし、現代の諸社会が、今日まで、社会的リスクを多様なやり方で処理してきたとすれば、今後については事情が異なるはずだと想定する根拠はどこにもない。つまり普遍的な社会モデルへの収斂仮説は、現実の観察にはもとづいていない。変化は単に経済的国際的制約だけがもたらすものではない。危機と同様、改革はまず国民的レベルで展開される経済政策の結果であり、また、政治システムの国民的形態の影響を受ける諸アクターの駆け引きの結果である。このことが、改革の前進の後に、後退や突然の停滞が生ずる原因であり、ある特定の時期に改革が理解を得ながらも、抵抗によって妨げられ、次の時期には以前ほどの妥当性をもたないようになってしまう原因である。また、このことは、新しいものと古いものとが結び付いた特異な制度的イノベーションを試行錯誤する、学習的な政治過程が存在する理由でもある。

　しかし、内的変数は外的変数から完全には独立していない。たとえば、過去30年間の社会保護改革が主に財政への配慮によって支配されていたという事実は、ネオ・リベラルな政治的駆け引きを介して、EUにおける単一市場および単一通貨制度と、多少なりとも直接的に、結び付いているかもしれない

[Jobert et Théret, *in* Jobert（dir.）1994]。他方で、結論で示すように、EU とその社会モデルの将来は、厳密に確定されたものとして捉えることはできないだろう。この章では、ヨーロッパにおける社会システムの未来に関するこのように開かれた視点から、1974～75 年の危機以来のフランスにおけるシステム全体の進化について述べる。この進化は過去に依存すると同時に、経済政策の諸戦略の影響を受けている。

1. 1975 年以降の社会保護給付

2002 年における社会保護給付（雇用政策関連は除く）の対 GDP 比は 29.1％に達した。この数字は 1960 年代初めのほぼ倍に当たる（図 1 および表 4）[2]。この比率は、1959～75 年に 7 ポイント上昇し、1975～2001 年にも 7 ポイント上昇した。このような変化は、三つの段階に分けられる。またこの変化は、改革実施の遅効作用を除けば、「景気循環」（成長と後退局面の繰り返し）に対応している。この景気循環は 70 年代の危機以降、繰り返し出現した。

1975 年の危機から競争的ディスインフレーションへ

1975 年から 83 年までの第 1 循環は、75 年の不況（GDP 成長率、マイナス 0.3％）の後の、1976～79 年の成長率約 3.5％の急速な回復期と、83 年の新たな不況に至る緩やかな後退期からなる。この時期のフォード主義的、ケインズ主義的政策は、急速に強まった経済の国際化のために挫折した（図 2）。成長はますます輸出によって主導されるようになり、それ以降、賃金は内需の誘因としてではなく、むしろ削減すべき生産コストとして見みなされた。こうしたことから、インフレ率は約 11％に達していたのに、失業率は 1975 年の 4％か

---

(2) この章で用いる社会保険料と社会保障給付にかかわるデータは社会保障会計による。すなわち 1981 年以前については SESI（1986）、1980 年代については Gourio et Volovitch（1996）、1990 年以降は DREES（2003）による。1995 年の社会保障会計作成基準（1990 年までの遡及推計しかない）の変化のためだけでなく、1980 年代のデータに関しては、データソースによって基準が大きく異なるために、これらのデータは慎重に取り扱うべきである。

第 2 章　社会保護の経済動学　39

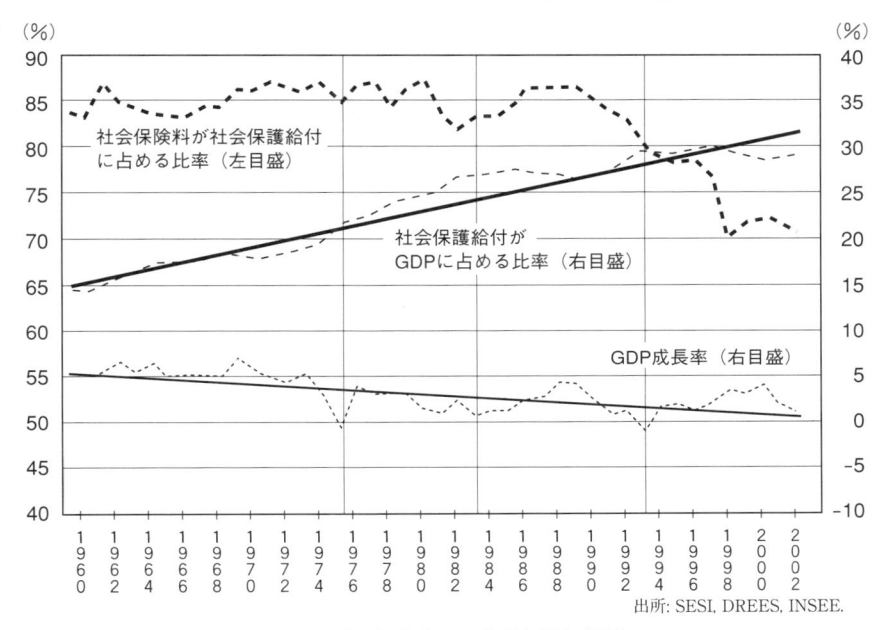

図1　社会保護支出の成長と景気循環

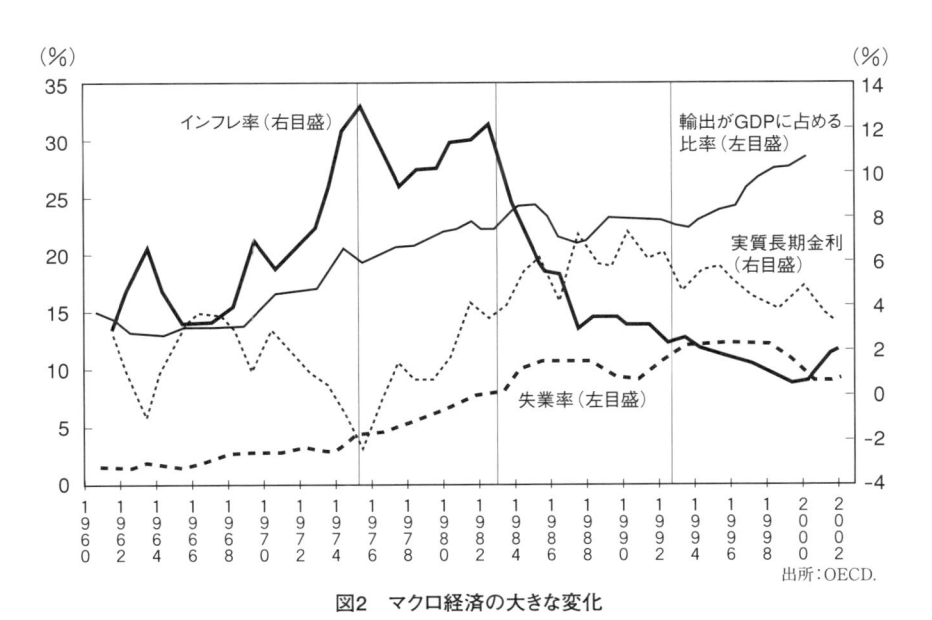

凡例：
- 社会保険料が社会保護給付に占める比率（左目盛）
- 社会保護給付がGDPに占める比率（右目盛）
- GDP成長率（右目盛）

出所: SESI, DREES, INSEE.

図2　マクロ経済の大きな変化

凡例：
- インフレ率（右目盛）
- 輸出がGDPに占める比率（左目盛）
- 実質長期金利（右目盛）
- 失業率（左目盛）

出所：OECD.

表4 社会保護給付のリスク別構成比の推移
(イタリックはデータソースの変化を示す。本章の脚注2を参照)

年	医療		年金		家族		住宅		失業早期退職		貧困排除		その他		合計	
	対合計比	対GDP比	対合計比	対GDP比	対合計比	対GDP比	対合計比	対GDP比	対合計比	対GDP比	対合計比	対GDP比	対合計比	対GDP比	対合計比	対GDP比
1959	30.9	4.7	35.9	5.3	27.3	4.0	家族手		1.3	0.2	その他		4.6	0.5		14.6
1964	34.0	6.0	35.7	6.1	23.3	4.0	当てと		1.4	0.2	給付と		5.5	0.8		17.1
1969	34.1	6.4	40.4	7.4	19.6	3.6	非分離		1.9	0.4	非分離		4.0	0.5		18.2
1974	35.0	7.0	41.6	8.1	17.0	3.3			2.5	0.5			3.9	0.5		19.4
1975	34.8	7.8	41.5	9.0	16.1	3.5			3.9	0.8			3.7	0.5		21.6
1977	34.3	8.0	42.6	9.6	14.3	3.2	〃		4.9	1.1	〃		4.0	0.6		22.6
1979	33.7	8.8	41.7	10.0	14.3	3.4	〃		6.4	1.5	〃		4.0	0.7		24.0
1981	34.9	8.8	41.7	10.5	12.3	3.1	2.0	0.5	8.3	2.1	〃		0.8	0.2		25.2
1983	34.1	9.1	40.8	10.9	12.0	3.2	2.6	0.7	9.7	2.6	〃		0.8	0.2		26.7
1985	33.9	9.2	41.5	11.3	11.0	3.0	2.6	0.7	10.3	2.8	〃		0.6	0.2		27.2
1987	34.1	9.1	42.0	11.2	10.5	2.8	2.6	0.7	10.1	2.7	〃		0.7	0.2		26.7
1989	34.7	9.1	42.3	11.1	10.3	2.7	2.7	0.7	8.8	2.3	〃		1.2	0.2		26.2
1991	33.9	9.2	42.8	11.6	10.5	2.8	2.9	0.8	8.9	2.4	0.9	0.2	0.0	0.0		27.0
1993	33.5	9.8	42.7	12.5	10.5	3.1	3.1	0.9	9.2	2.7	1.0	0.3	0.0	0.0		29.3
1995	33.6	9.7	43.5	12.6	10.6	3.1	3.2	0.9	7.9	2.3	1.2	0.4	0.0	0.0		29.0
1997	33.3	9.7	43.8	12.8	10.7	3.1	3.2	0.9	7.8	2.3	1.3	0.4	0.0	0.0		29.3
1999	33.4	9.6	44.2	12.7	10.4	3.0	3.2	0.9	7.4	2.1	1.4	0.4	0.0	0.0		28.6
2001	34.8	9.9	44.0	12.5	10.1	2.9	3.1	0.9	6.6	1.9	1.4	0.4	0.0	0.0		28.5
2002	34.8	10.1	43.5	12.7	9.9	2.9	3.0	0.9	7.5	2.2	1.4	0.4	0.0	0.0		29.1

ら83年の8.1％に倍増した。1983年にミッテラン大統領が、経済的減速に直面して、「強いフラン」政策と緊縮政策を志向したのは、このようなスタグフレーション的緊張の状況下であった。この第1循環において、社会保護支出の対GDP比の増加は加速した。これは、単に失業の増加だけによって説明されるものではなく、さまざまな部門において、社会保護適用範囲の改善が求められたことにもよる。すなわち1974年の失業保険の大幅な拡大、78年の社会保障の一般化法、81年の家族手当の引き上げ、82年の退職年金支給開始法定年齢の65歳から60歳への引き下げである。

フランス社会党のマネタリズムへの急激な転向と、それに関連する経済政策の変化は、1983年の不況から始まる次の景気循環の性質を説明する。緊縮的予算政策、貿易自由化、賃金の物価インデクセーションの廃止、およびフランとマルクを密接にリンクさせる通貨政策が混合された結果、「競争的ディスインフレーション」はインフレ率を急速に低下させ、93年には2.5％になった。この低下は75～76年のときよりも景気回復を困難にし、失業の増大をともなった（第2循環のすべての期間において失業率は83年の深刻な不況時の水準を上回った）。ついで、ディスインフレ政策は、景気循環の後退局面においてGDP成長率をいっそう低下させ、93年にはマイナス1.3％になった。このとき失業率は11.7％に達した。

この第2の時期において、社会保護支出の対GDP比は、再び経済成長が減速するまで、26～27％のあたりで安定しているように見えた。再び経済成長が減速したとき一連の予算削減と社会的権利の縮小が実際に実施され、社会保護適用範囲は縮小され、その結果「社会的排除」や「新しい貧困」という問題が出現した。しかし、第2次大戦以降に経験した最悪の不況にフランスが陥ってからは、社会保護支出の新たな増加をこのような予算削減で抑えることはできなかった。

この第2の時期において、社会保護システムの一般的構造がたとえ不変にとどまったとしても、80年代の終わりには、次の時期において大いに重要となるイノベーションが現れた。たとえば1979年につくられた社会保障会計委員会CCSS（社会保障会計を確立するための専門家からなる3者委員会）は87

年に再編された。この再編によって、委員会は「コスト管理」の点で有効な役割を果たせるようになった [Serre, 1999]。またこれとは別に、88年に社会参入最低限所得 RMI がつくられた。最後に、一般福祉税 CSG contribution sociale généralisée は1991年にシステムの余白部分に出現した。

構造改革の開始

2003年の新たな減速の後おそらく終わりを迎える第3循環では、非常に低いインフレ率が続き、利子率も低く維持される傾向にあった（図2）。経済成長は再び輸出によって主導されたが、この成長の動態はもはや第2循環のような失業の増加をともなわなかった。逆に失業は1998～2000年の3年間において顕著に低下した。この3年間に経済成長率は3％を超えた。しかも第2循環でのもっとも低い水準以下には低下しなかった。実際に1994年からヨーロッパ統一市場の確立、マーストリヒト基準によって支配された経済政策の実施、およびユーロへの第一歩によって特徴づけられる新たな時代が始まった。他方で、国内においては、もっとも弱い諸集団の抵抗が活発化した。

この第3循環において、社会保護支出の対GDP比は再び高まり、29％強の水準で安定化した後、97年からわずかに低下し、2002～03年からの経済の減速と高失業への回帰にともなって再び上昇した。制度的側面では、この第3循環期は、支出が最も大きい二つの部門において構造改革が実施された点で、先行する循環期とは異なる。第1は年金に関する1993年のバラデュール改革である（2002年において年金はGDPの12.7％、社会移転・社会保障サービスの43.5％を占める）（第4章参照）。第2は医療保険に関する1995年のジュペ・プランである（2002年において医療保険はGDPの10.1％、社会移転・社会保障サービスの34.8％を占める）（第5章参照）。

発展の2大論理

医療と年金は単に量的に大きい二つの社会保護部門であるだけではない。これらはEUの他の国と同様に、1975年以来もっとも大きく伸びた部門である。GDP比で見て、年金は3.5ポイント、医療は2.1ポイント上昇した（表4）。

2002年のGDPで2.2％を占める失業保険も重要になったが、1975年からは1.4ポイントしか増加していない（とはいえ、1983年と93年の不況期にはそれぞれ2.6％、2.7％を占めた）。家族手当と住宅手当は三つの期間を通じてGDP比は4％以下に抑制された。最後に、貧困リスクおよび「社会的排除」（社会保障会計の1995年新基準の作成以降、単に分離されただけ）という項目の支出は2002年のGDPの0.4％であり、社会保護支出の1.4％を占める。

実際には、フランスの社会保護システムは、発展と改革に関して顕著に異なる論理にしたがう二つの部分に分けられる。

第1は、年金と医療とからなる「ポジティブな」支出の部分である（総支出の80％を占める）。これらは金利の圧迫（保険会社や銀行など）に直面し、金融のグローバル化と関連する諸戦略の対象となる。また、これらは人口高齢化やケア需要の成長と関連する潜在的市場を代表する。これらの場合、支配的諸アクターたちにとっての改革の争点は、支出の削減ではなく、民営化である。

第2の部分（雇用、家族、住宅および貧困対策）では、重要なのは量的なものよりも、「質的なもの」である。この第2の部分は、より直接的に大企業の「フレキシビリティ」戦略に直面している。また市場化を最大限進めようとする政府エリートの戦略に直面している。これらのエリートたちにとって問題なのは、本質的に労働市場の欠陥に関連するある種の「ネガティブな」支出である。それらはもっぱらサプライサイド経済学の視点から、企業の競争力に対する重しとして捉えられる。つまりこれらの支出は資金調達の面では負担であるし、費用の面でも労働者のインセンティブを阻害し、労働市場のフレキシビリティを妨げるものと捉えられる。したがってこれらの支出に関する改革の争点は単にそれらを最低限度まで削減することである。以上述べた二つの論理の対比については、次章以下で詳しく検討する。

2. 資金調達

フランスの社会保護システムでは、かなりの部分、社会保険料によって資金調達が行われている（図1、表5）。フランス社会が国家管理的であるという評

表5　社会保護支出の資金調達構造 (1959〜2002年)

財源	1959	1974	1979	1981	1985	1989	1991	1995	1999	2002
雇用主の保険料	57.4	57.8	54.7	55.2	52.4	52.0	50.4	47.4	46.4	45.9
うち実効分	43.3	46.1	44.6				41.3	38.2	37.5	37.0
想定分*	14.1	11.7	10.1				9.1	9.2	8.9	8.9
被用者の保険料	13.2	14.7	17.2	18.4	19.4	22.4	22.8	22.6	16.7	17.0
非被用者の保険料	3.9	4.3	4.7	5.1	4.8	5.2	5.6	4.9	3.7	4.0
保険料合計 (1)	74.5	76.9	76.6	78.8	77.3	80.3	78.8	74.9	66.7	66.9
特別税 (2)	2.6	3.8	3.3	2.3	3.2	3.1	3.9	7.2	16.6	19.0
小計 (1+2)	77.2	80.7	79.9	81.1	80.5	83.4	82.7	82.1	83.3	85.9
国庫負担金 (3)	20.3	16.1	17.2	15.7	16.4	14.2	13.7	14.3	13.8	11.4
税の合計 (2+3)	23.0	19.9	20.5	18.0	19.6	17.3	17.6	21.5	30.4	30.4
他の財源	2.5	3.3	2.9	3.2	3.1	2.4	3.6	3.5	2.8	2.7
合計	100	100	100	100	100	100	100	100	100	100

出所: SESI.DREES.

* (訳者注)「想定分」とは「雇用主から被用者に直接支払われる保険料相当額であり、それには社会保護法に定められたもの(たとえば国家公務員資格をもつ者の年金制度)もあるし、法定外のものもある」[DREES, Comptes de la protection sociale en 2003, p.53]。

判から考えると、逆説的に、この点で、フランスの社会保護システムはヨーロッパの中ではもっとも非国家管理的である。保険料の割合は80年代末まで増加し、純総資金の80％にまで達したが、93年から減少し2002年には67％以下になった。保険料の割合は9年間で約10ポイント低下したにもかかわらず、「ビスマルク的」ドイツよりはなお高いレベルにとどまっている。

　しかし93年まで、保険料による資金調達の水準が維持されたことは、雇用主の保険料と被用者の保険料との間で後者を犠牲にした大きな代替が起きたことを隠している。これとは逆に、94年以降は、雇用主の保険料の割合はわずかしか低下していないのに対して、被用者の保険料の割合は急速に低下した。この低下は、特に社会保護に配当される諸税の割合の急速な増加（1993年の4.9％から2002年の19％への増加）によって補われた。いくつかの税（酒やたばこ、保険会社、製薬会社等に対する税）は社会保障予算に移転された。しかし、この急速な転換をもたらした本質的手段は一般福祉税CSGである。

一般福祉税、主要なイノベーション

　80年代全体に及ぶ長い論争の末、一般福祉税（CSG）が導入された。その論争では、社会保護を保険料に依存することがもつ次のような難点が取り上げられた。第1に、社会保険料は労働コストの構成部分であるということから、国の国際競争力にとって有害であると捉えられた。しかしこれに関して重要なのは、社会保険料の大きさではなく、むしろ単位労働コストである。またフランスにおいて単位労働コストが多くの他の先進諸国と比べて特に高いとは証明されていないので、社会保険料への批判は、低賃金労働や非熟練労働の保険料を下げる必要性という点に集中した。第2に、労働と資本との代替を促進するインセンティブとして社会保険料を捉え、長期の高水準の失業および貧困の拡大の責任が、社会保険料に帰せられた。第3に、より政治的な議論が展開し、それによれば、保険料は、国民連帯や市民連帯に属する支出（家族のリスクや健康のリスク）をファイナンスすることには向いていない、とされた。右派や左派の政治家たちがこぞって受け入れたこれらの議論にしたがって、低賃金に対する社会保険料は減らされ、（部分的に）国の資金によって補われた。それと同時に医療保険料と家族手当事業主拠出金は急速に、CSGに置き換えられた。

　当初、CSGは1991年の全所得の1.1％に（遠慮がちに）固定され、まず、全国家族手当金庫CNAFに割り当てられた。また雇用主の保険料はCSGに置き換えられ、雇用主の保険料の軽減分は、報酬全体から徴収された。次に、1993年からCSGの税率は何度も引き上げられた。最初の引き上げで2.4％に達し、上昇分である1.3ポイントは、保険金無拠出の退職年金をファイナンスするために老齢連帯基金FSVにまわされた。1997年にはいくつかの非賃金所得にもCSGの算定基礎を拡大してCSGの税率は3.4％に固定された。この追加的税収は全国被用者医療保険金庫CNAMTSに割り当てられ、被用者保険料の1.3ポイントの低下を補った。最後に、1998年には、CSGの税率は、賃金収入と資本収入の7.5％になり、移転所得（年金や社会移転）の6.4％になった。徴収された資金は、社会保険料の追加的削減を補うために医療保険に再びまわされた。

税と社会保険料との混合

　総額でCSGは2001年において、社会保護支出をファイナンスするための税総額の7割を少し上回る。その56％が全国被用者医療保険金庫CNAMTSに、18％が老齢連帯基金FSVに、14％が全国家族手当金庫CNAFに配当される。

　財政の類型として一般的に考えると、CSGは実際には税と社会保険料との混合である。それは次のことを意味する。CSGはフランス法においては税と見なされ、ヨーロッパ法においては社会保険料と見なされる（それゆえ国境を接する隣国で働く国境沿いの住民は社会保険料を免除される）。たしかに、CSGは普遍的性格をもっており、厳密な意味で負担金的ではなく、またその一部は、個人税として所得から控除できないので、CSGは税の性格を有している（そしてCSGの創設は所得税の大きな改革と見なせる）。その算定基礎は勤労所得を超えて（勤労所得が主要な源泉ではあるとはいえ）、資本所得にも及んでおり、さらに社会保護システムそのものによって支払われた移転所得にも及んでいる。こうして1995年（データが利用可能な最後の年）には、CSGの75.5％が賃金所得を源泉とし、17.5％が移転所得（年金と失業手当）を源泉とし、7％が資本所得（動産、不動産）を源泉とする。しかし他方で所得税とは反対に、CSGは、社会保険料と同様に、一部分は収入比例的であり、残りの部分は課税所得から部分的に控除される。また、CSGは決定ずみの社会保護給付のファイナンスに厳格に配当される。これは税の非配当原則に抵触する。最後にCSGは財政当局が提起した役割にもとづいて創設されたにもかかわらず、CSGは国家予算の中には入らない。CSGは最終的には財務局には帰属せず、社会保障家族手当保険料徴収連合会URSSAFに帰属する。

　まとめると、1980年代の被用者の保険料から雇用主の保険料への代替は、フランスの社会保護システムのビスマルク的性格を変えなかったが、1990年代のCSGの発展は社会参入最低限所得RMI制度（アンスティチュション）と同様に、そのベヴァリッジ的側面を強化した［Dupuis, 1994］。しかしこのイノベーションはシステムから内在的に生まれたものであり、次のような基本的価値の両義性をよりどころとする。つまり、職業的地位と関連する社会連帯と、市民権と関連する国民連帯との両義性である。

3. 社会保障の赤字 trou de la Sécu＊

　「社会保障の赤字」つまり社会保障諸組織全体の赤字は1983年の政権交代以降の諸政府につきまとっている。この強迫観念は、1993年の不況によって、また財政赤字の上限（3％）を強いるマーストリヒト条約によってさらに激しいものになった。国家自身の赤字と比べると社会保障の赤字の水準は低いにもかかわらず、社会保障の赤字は「福祉国家の危機」に関する議論の中心におかれた。1995年のジュペ・プランは「福祉国家の危機」を、財政資源の再分配に関する闘争において、国家と社会保障に対抗するための本質的象徴的武器として使った［Dehove et Théret, 1996］。それに対して労働組合と労働者は、国家がなんの補償もなく社会保障システムに押し付けようとする「不当な負担」という考え方を押し出したが、同じ土俵でのゲームをする状態におかれ［Hassenteufel, 1997］、赤字の「真の」水準を権力ゲームの焦点にすることになった。

　実際には、赤字は、赤字分を借り入れることを法的に禁じられた社会保障システムに固有の問題であり、赤字をめぐる国家と労使代表との争いはシステムの論理そのものに刻み込まれている。支出水準は予見不可能なので、偶然を除いて、赤字であれ黒字であれ、収支は必然的に不均衡となる。これはつまり、各年度末に会計収支を合わせることが問題となるときに、最終的に配当される財政諸資源が調整されるのと同様に、さまざまな制度の保険料率が調整される、ということである。1980年代の新しさは、労使代表が自律を名目に社会保護システムへの財政資金投入にもはや反対せず、逆にそれを要求した点にある。

　非保険料的な公的資金投入に関する労働組合の立場の急変は、社会における彼らの影響力が全般的に弱体化したことと、彼らの相対的ポジションが再調整されたこととに関連している。1980年代の競争的ディスインフレの時代には、経営者と労働組合との間にかつて存在した「インフレ連合」は崩壊した（第5章参照）。労働組合は、雇用主の保険料の増加をもはや要求できなくなり、社

＊（訳者注）「社会保障の穴」あるいは「セキュリティ・ホール」という意味ももつ。

会保険のビスマルク的原理と職域連帯の原理を引き合いに出しながら、進行する労働組合の弱体化を補う道を探ることになった。それによって労働組合は、社会保護システム内で国民連帯にかかわっているように見えるもの全部を国家が資金調達することを要求した。年金に関するバラデュール改革が行われた1993年に、国家がいくつかの負担の「不適当な」性格を認識したことは、1994年以降、一般制度が受け取る純移転が構造的にプラスの残高になったことによって、実際に表されている。それは、労働組合がこの改革を暗黙裡に承認したことに対する見返りであった。

ジュペ改革（1995年）の持続的効果

しかし、1995年にジュペ首相はこの問題をめぐる対立を蒸し返した。労使代表とのいかなる交渉もなく秘密裏に作成された彼のプランは、支えきれない負債や、コントロール不可能な社会保障赤字について論じつつ、社会保障の資金調達全体を改革することを目指していた。主に公的部門（フランス国有鉄道SNCFやパリ交通公団RATPなど）の労働者が先導した強力な社会運動を、このプランは挑発して、政府の敗北に至ったとはいえ、このプランは社会保障の資金調達に関する持続可能な道をつくろうとしたのだった。以下では特に、社会保護システムにおける国家の力を顕著に増大させる二つの方法について説明する。

第1の方法は「社会保障財政法 LFSS」の議会による毎年の採決に関連している。この法律は社会保障の再法制化の基本法として提出された。この社会保障財政法は1996年に憲法上の修正を必要としたけれども、社会保障の全般的な方向と目的、予算上の資源、会計均衡と両立する支出の伸び率、資金の諸リスク間、諸地域間の配分の許容基準を定めた。

第2の方法は、国家の特別基金の制度（アンスティチュション）である。「社会保障債務返済金庫 CADES」は、過去に累積した社会保障の赤字を返済するための借入金として創設された（これには、国家が1993年のバラデュール改革のときの会計勘定を回復したと見なすことも含まれている）。社会保障債務返済金庫は、一般福祉税 CSG タイプの特殊な負担金によって維持されている。0.5％の均等天引

き率の「社会保障債務返済税 CRDS」は一般福祉税 CSG よりも広い算定基礎を有している（社会的ミニマム、庶民貯金の利子、いくつかの年金を例外として、家族手当を含むすべての所得が算定基礎となる）。

赤字の会計処理方式をめぐる争い

　赤字の会計処理方式に関して、ジュペ・プランとおそらく結び付いた第3の構造的変化はまた、公的赤字を都合よく水増ししたり減らしたりすることを可能にする会計上の定義や操作の重要性をも明るみに出した。1996年にこのプランは、社会保障会計委員会 CCSS の内部で、社会保障の赤字の評価方式をめぐる政治的争いを引き起こした。それは、今回限り大目に見られたのかもしれないが、労働組合が勝った争いであった。政治と選挙の新たな情勢を利用して、また社会問題省と社会保障局の支持も得て、年度末における保険料受領の会計処理は、「確定税」の会計処理に取って代わられた。つまり年払いで支払うべき保険料によりよく対応するように、さらに同じ時期に支払われる給付によりよく対応するように会計処理が行われるようになった。この単純な変化は、単に、1990年代後半における社会保障赤字を取り除くことに寄与しただけではない。これは企業側の保険料支払いの遅れが重大であることを示しているが、加えて、ジュペ・プランの正当化に役立った1990年代初めにおける「社会保障の赤字」の遡及推計値を大幅に減らした。

　実をいえば、上記のことは、社会的現実の象徴的構成の非常に重要な役割を明るみに出すいくつかの例の一つにすぎない。象徴的構成とは、現実を表現するためのさまざまな手法を通じて、とりわけ統計的あるいは会計的手法を通じて、政治的権力が、処理することを合法的に求められたいと望む問題を自ら選択し、その問題を政治的に演出することである。社会保護に関しては人口指標とその将来推計が年金改革を正当化するために役立ちえたし、今も役立っている。次章では、そのやり方を検討しつつ、社会的現実の象徴的構成のもう一つの重要な例を見よう。

第3章
社会人口学的変化のインパクト

　政治的議論やメディアの議論は、社会保護の緊急の改革を要請するとされる諸要因の長大なリストに言及するのが習わしである。その諸要因の中でも、もっとも客観的な諸要因、つまり、結婚選択や子供の数などの生活様式の変化と人口の高齢化が重視されている。社会人口学的条件が今とは異なる時代に誕生した社会的国家は、明らかに、このような変化に適応することを余儀なくされている、といわれる。

　それゆえ、本章では、過去数十年における人口、雇用および貧困にかかわる主要な変化を検討し、他のヨーロッパ諸国とフランスとを比較しながら、将来のいくつかの進化を予測しよう。比較の利点は、たとえ同じ変化を経験している諸国でも、社会保護を適応させるやり方は異なるという事実を証明する点にある。改革について広範に議論できるかどうかにかかわりなく、つねに改革は政治的決定の産物であって、「機械的な」適応の産物ではない。

　たとえば、ある諸国は、高齢化のために、社会保障支出のより多くの部分を高齢者に費やすことを決定するだろうが、他の諸国は逆の決定をするだろう。同様に、家族関係の捉え方も、依然として、国によって差異がある。イタリア人は、30歳過ぎまで「若者」として見られる子供を家庭にとどめることを、まったく普通と考える。しかし、イギリスやデンマークの若者は20歳になるまでに、家族から離れる。デンマークなどとは異なり、イタリアの家庭は資金面でも子供を大いに援助する。行動や社会規範のこのような多様性は、社会保護システムと密接にかかわっている。社会保護システムは、ある意味では、当該の国民的共同体において正統と受け止められる社会的問題を「表現してい

る」。

　現象を三つのグループに分け、以下の各節で検討しよう。第1のグループは、一方で出生率と世代交代を含み、他方で医療の改善と結び付いた人口高齢化を含む。第2のグループは両性間の関係の変化と結び付いた、生活様式の変化と家族形態の変容にかかわる。最後に、第3のグループを構成するのは、就業年齢の人々の間でどのように雇用が配分されるか、失業がどのように負担されるか、および若者教育など、社会保護の調整を引き起こす可能性をもつ諸要因である。

1. 出生率と高齢化は時限爆弾なのか

　ある意味では、アイルランド、スウェーデン、イギリスおよびオランダとともに、フランスは「若いヨーロッパ」を代表し、大陸の隣国（スペイン、イタリア、ドイツ）とも、中東欧諸国とも対立する。2050年には、たとえばイタリアの人口は4分の1減少する恐れがあるのに対し、フランスの人口は、現在の人口をおそらく上回るだろう。そしてフランスにおける年齢の中央値は現在から2050年にかけて、38歳から45歳へと増えると予測されているが、この数値は拡大EUの多くの諸国よりもかなり小さな変化である。

　フランスの出生率は、1970年には1000人当たり16.7であったが、1994年の12.3まで規則的に低下した後、13まで顕著に回復した。合計特殊出生率（訳者注：女性1人当たり生涯に生む子供の数）は、1993年には1.66に落ち込んでいたが、2001年の最新の推定値は1.89である。21世紀の初めには、フランスに住む100人の女性から、およそ190人の子供が生まれることになる（これに対してアイルランドは198人、EUの平均は147人、イタリア、ドイツ、スペインは130人以下である）。死亡数に対する出生数の超過数は、1980年代において、24～25万人であり、1993年には17万9000人に低下したが、2000年代の初め以来80年代と並ぶ数字に戻っている。これに移民の効果（90年代において、年間4万5000～7万人という、比較的少ないものであるが）を付け加えると、フランスの人口は、現在、1年に約30万人ずつ増えている。フランス

の人口は 2003 年 1 月時点で 6140 万人であるが、国立統計経済研究所 INSEE の予測によると、2050 年には、5800〜7000 万人になる。ここでの不確実な要素は移民の変化である。INSEE によると、もし移民の純流入数が 2 倍になり、10 万人に達するとすれば、2010 年以降、労働力人口の追加供給分は 20 万人となる。これによって、労働力人口の減少が始まるのは、2007 年からではなく、2010 年からとなる。

しばしば、1932 年における近代的家族手当の最初の導入はフランスの功績と評価されるが、出生率の問題はずっと以前からフランスにつきまとっている [Vallin, 2001 ; Commaille et al., 2002]。この特殊性は、1666 年にコルベールが採用した人口増加措置にさかのぼることもできる [Ceccaldi, 1957 ; Rimlinger, 1971]。この措置は隣国にはしばしば無視された。今日でも、フランスの出産奨励政策の支持者はきわめて少数である（第 7 章参照）。全体として見みれば、このような今日の人口学的動学によってフランスは、人口減少が進む EU の中では、良好な位置を占める。すなわち、フランスの出生数は比較的多いので、ヨーロッパの人口に占めるフランスの比重は増加すると予測され（2000 年の 15.7％から 2050 年の 17％へ）、また高齢化の影響も限定されると予測される。

したがって、フランスの出生率は「時限爆弾」を抱えていない。だからといって平均寿命の上昇による高齢化が避けられるわけではない。1970 年のフランスの平均寿命は、男性 67.4 歳、女性 75.1 歳であったが、2002 年にはそれぞれ 75.6 歳、82.8 歳になった。フランス人男性の平均寿命は、EU の平均に当たるが、フランス人女性はヨーロッパ人の中でもっとも長寿である。平均寿命の上昇は、社会保護システムそれ自体の大きな成果と考えられるが、社会階層間にある平均寿命の大きな格差を減らすわけではない。すなわち、35 歳の管理職は、あと 44 年生きると予想されるが、非熟練労務職はあと 37 年しか生きない。これは明らかに年金とかかわる重要な結果である。1970 年に、フランスの人口の約 3 分の 1 が 20 歳未満であり、65 歳以上の比率はせいぜい 13％であった。2003 年には、この数字はそれぞれ、4 分の 1 と 16％になった。65 歳以上の比率はなお上昇し、2010 年には 17％、2020 年には 21％に達するだろう。60 歳以上の比率もまた、1946 年生まれのベビーブーム世代がこの年齢に達す

るころから顕著に増加する。それは 1995 年の 20 ％から、2020 年には 27 ％、2040 年には 33 ％に達すると予測されている。

高齢化の効果の客観的診断を求めて

　なによりもまず、高齢化は、年金と医療への効果を通じて、社会保護に影響を及ぼす。さらに、高齢者の「介護」にかかわる支出を通じても影響を及ぼすが、この「介護」は今日新たな「社会的リスク」（第 7 章参照）となりつつある。諸指標が非常に大きな不確実性をともなっていることを承知のうえで、この高齢化という不可避的変化の諸結果を正確に予測することはきわめて重要であろう。結局、出生率、死亡率および移民数に関して、さらに失業、成長および生産性に関しても、30 ～ 50 年に及ぶ仮説をつくらねばならない。それゆえ論争が起きるのは当然である。一般に、この領域での推論は、国立統計経済研究所 INSEE によって推定された労働力人口と非労働力人口との比率から始められる。この公的機関が公表した表 6 は、景気と法制度を不変とした「傾向的」シナリオを示している。しかし、明らかに、変化に関する仮説をつくる必要がある。特に、失業率や女性の有職率の変化について、また高齢者や若者の既存の経済活動率が上昇する余地に関する仮説をつくる必要がある。表 7 は 1999 年にジョスパン政府に提出されたシャルパン報告の抜粋であるが、どの指標を採用するかによって、引き出される結論や改革の方向がかなり多様であることを示している。

　60 歳を超える人口と労働能力をもつ人口（20 ～ 60 歳）との比率について推論すると、今から 2040 年にかけて、この「依存」率は約 2 倍に増える。1995 年には 60 歳以上の 1 人に対して、労働力人口は 3 人いたが、2040 年には 1.5 人以下になる。このような労働力人口に対する潜在的負担の増加は、依存人口に若年者を含めると、小さくなるように見える。同様に失業者を依存人口に含めるとさらに小さくなる（表 7 参照）。この結論は、たしかに、失業率の変化に関する仮説（きわめて脆弱な）に密接に依存している。この年金に関する公的報告から 10 年以上経過しているが、それでもなお、次のことはいえる。政策を方向づけた推計における現在のパラメーターの値は根本的に相対化される

表6　労働力人口と非労働力人口との関係

	観測値		予測値			
	1991	2001	2006	2011	2020	2050
労働力人口（100万人）	25.0	26.4	26.9	26.8	26.1	24.1
労働力人口に占める55歳以上の比率（％）	9.6	8.9	11.7	12.2	13.1	13.4
労働力人口率（％）＝労働力人口÷15歳以上人口	54.1	54.2	53.7	52.2	49.3	43.7
60歳以上の労働力人口と非労働力人口の比	2.3	2.2	2.1	1.8	1.5	1.1

出所：*Insee Premiér*. No.838, mars 2002

表7　依存人口と労働力人口との比の推移　(1995年＝100)

	2005	2010	2020	2030	2040
60歳超の人口÷20〜60歳人口	103	110	136	164	182
20歳未満と60歳以上の人口÷20〜59歳人口	99	105	115	129	129
無職人口÷有職人口	90	86	93	101	101

出所：Repport Charpin（1999, p.53）

べきである。

　明らかに、あるアクターは、もっとも悪い日々の状況を表す数字を利用することに利益を見いだし、他のアクターはその逆に利益を見いだす。この種の「客観性」の追求は虚しく見える。たとえば、欧州委員会は2002年11月に、フランスでの議論に大きな影響を及ぼす報告書を刊行し、そこで、15〜54歳人口に対する65歳以上人口の比率は、フランスでは2000年から2050年にかけて、24.4％から46％になると述べた。欧州委員会によるこの数字の選択は、欧州委員会事務総局の一部の政治的意志を表している。これらの人々は、世界銀行が推奨する「普遍的」モデルにしたがって、個人別積立による年金という、もう一つの年金の「柱」を導入することを正当化しようとしている。フランスの経営者（フランス産業連盟MEDEF）もまた、金融部門経営者に影響され、危機をあおるような見方を提示しており、これに対して、多くの労働組合が拒絶している。

　指標の大きな不確実性のもう一つの例は、2020年の65歳以上の要介護人口の予測に関するものである。この数字は、衛生状態の変化や医学的進歩に関して楽観的であるか悲観的であるかによって、76万人から120万人まで非常に

大きく変化する。これらの例は、数字の選択についての政治的判断が、結局、決定的要因であることを、客観的に示しており、さらに、これらの例は、構造的危機という仮説への反論でもある。

2. 多様に暮らすカップルと家族

　社会保護システムの正統性の条件をなす効率性と公正性を確保するために、社会保護システムは、カップルと家族の生き方に適応しなければならない。他の諸国と同様に、最近数十年で、婚外子の出生は非常に増加した（2001年において、出生の45％、第1子の57％を占める）。この状況は結婚が大きく減少したという事実と関係している。1970年には、人口1000人当たり結婚件数は7であったが、1993年には4.4になった。しかし、1996年以降この比率は4.8で安定している。他方で、離婚は増加した。以上のことから、いわゆる「ひとり親家庭」（多くは母子家庭であるが）が増加し、それは弱く、貧困にさらされやすい。国際比較によると、フランスはヨーロッパの平均に位置し、ひとり親家庭の数は200万以下である（これは子供をもつ全家庭の14％に当たる。イギリスでは23％である。）。

　自由主義的社会保護システムの諸国（米国、イギリス）においては、ひとり親家庭をめぐって、母親が「扶助に依存して」働かないという理由で、繰り返し論争が起きている。これは一般的にはフランスでは当てはまらない。フランスの扶助は、その主要な形態では、就業活動を促進するように設計されている（第6章参照）。

　最後に、隣接諸国と比較すると、若者の自立性に関しても、フランスはヨーロッパの平均に位置する。2000年において25〜29歳の若者の17％が両親と同居している。この数字はイギリスの数字と近く、イタリア、ギリシャおよびスペインでは50％を超える。

3. 雇用の不足と社会的排除の出現

社会保護と雇用とは密接に結び付いている。「就業・雇用体制 régime d'activité et d'emploi」[Barbier et Gautié, 1998] と呼ばれるものを介して、各国を観察することができる。この「就業・雇用体制」とは、所与の時点における、潜在的就業者（16～60歳あるいは16～64歳の就業年齢にある諸個人）の間での、雇用と職業活動の配分様式である。この配分は持続的なものであるが、永続的ではない。そのことは、戦後フランスにおける、ヨーロッパでは比較的早期の、女性の就業率の増加が示している。過去30年間のフランスにおけるこの体制の進化は、次の二つの特徴をもつ。第1は若者の職業活動の急速で大幅な減少であり、第2は高齢者の職業活動の急速で大幅な減少である。このことはフランスをイギリスと比較すると明らかである。フランスはラテン系諸国と類似している（表8）。

年齢層の低い部分と高い部分での、このような就業率の低下は1970年代から90年代初めまでの労働市場の特にひどい縮小にともなって生じた。90年代末の労働市場の一時的好転によって様相は変化したとはいえ、失業率は8％以下には下がらなかった。

表9に一部が示されているように、1997～2000年は非典型雇用が定着した時期である。2002年から2003年の国立統計経済研究所INSEEによる新たな雇用調査もこの傾向を確認している。

フランスの労働市場はまた、性による格差という特徴をもつが、それはゆっくりとしか縮まっていない。たとえば、2000年の民間部門および準公的部門

表8　EUの大国における若者と高齢者の就業率（単位：％）

	イタリア	スペイン	フランス	ドイツ	イギリス
若者の就業率（15～24歳）	25.9	32.7	29.0	46.1	56.2
高齢者の就業率（55～64歳）	27.8	36.8	29.7	37.3	50.8

出所：*L'Emploi en Europe*, 2001（Commission européenne）

表9　特殊雇用形態の発展 (実習生を除く総雇用者に占める割合：%)

	1990	1995	1997	1998	1999	2000
民間部門の有期雇用（CDD）	3.2	4.0	4.4	4.7	4.5	4.8
民間部門の臨時雇用（interim）	1.3	1.5	1.7	2.1	2.3	2.7
公的部門の研修および助成された雇用	1.5	2.3	2.2	2.1	2.1	2.3
特殊雇用形態の合計	6.0	7.8	8.3	8.9	8.9	9.7

出所：Enquêtes Emploi, INSEE

表10　性別就業率の近年の推移 (単位：%)

	1990	1993	1997	2001
男女計（15～64歳）	60.7	59.3	59.5	63.1
男性全体	70.6	67.3	66.9	70.3
15～24歳の男性	38.0	29.9	27.6	33.3
25～54歳の男性	89.9	86.9	86.0	88.7
女性全体	51.1	51.5	52.4	56.1
15～24歳の女性	31.0	25.5	22.4	25.7
25～54歳の女性	65.1	66.8	67.7	71.2

出所：*L'Emploi en Europe*, 2002（Commission européenne）

において、フルタイム女性労働者の賃金は、男性の82％である。就業率の性別格差は、縮まっているけれども（表10）、フランスの性別格差の大きさは、スカンジナビア諸国と、ラテン系諸国やドイツとの中間に位置する。さらにこの格差は、いくつかの職業やいくつかの部門では大きく、中間的な年齢層ではやや小さくなる。

　最後に、競争的ディスインフレ政策とかかわって、貧困現象や労働市場からの排除現象が進展している。1997～2001年という短期間の労働市場の「活況」も、これらの現象を食い止めることはできなかった。

貧困の再来

　失業の量的爆発、労働市場の選別性の高まり、長期および超長期の失業の出現、貧困の再増加など、多くの諸要素が結び付いて、フランスの社会保護に影響を及ぼしている。「生活困窮グループ」に対する活動を根本的に左右する社

表11　ヨーロッパにおける貧困率比較
(所得中央値の50％以下あるいは60％以下の所得しかない人口の比率：％，1996年)

	全人口に占める貧困人口比率		高齢人口に占める貧困人口比率	
	所得中央値の50％以下	所得中央値の60％以下	所得中央値の50％以下	所得中央値の60％以下
デンマーク	6	11	9	22
フランス	9	16	8	15
ドイツ	12	16	9	15
イタリア	13	19	10	15
スペイン	12	19	7	14
イギリス	12	19	14	24

出所：Eurostat et DREES

会参入という新たな問題提起はこのような諸現象に応えようとしていたのである（第6章参照）。EUの他の加盟国と比較すると、貧困と不平等に関するフランスの位置は、スカンジナビア諸国と、南欧諸国やイギリスとの中間にある（表11）。スカンジナビア諸国はより豊かであり、寛大な社会保護システムを有し、数十年前から、平等化政策を指向してきた。

　最後に、一般的にはアングロ・サクソン諸国の特徴と捉えられているが、仕事をもつ貧困者（working poor）の問題が、この10年の間にフランスでも起きていることを付け加えなければならない。国立統計経済研究所INSEEによる2000年の最初の推計によると、1年に少なくとも6カ月就業しながらも、平均生活水準の50％以下の生活水準で暮らす労働者の数は1996年に常用労働人口の6％に達した。最近の研究によると、パートタイム労働や助成された雇用（その好例は、最低賃金SMICの半額を支給されて半日だけ働く連帯雇用契約CESである）の普及にともなって、この現象は、特に女性を中心に、拡大している。

　雇用に関するこの概観的検討の最後に、移民という、ハンディキャップをともなうカテゴリーの特殊な状況を説明しておこう。労働力人口の8％強を占める移民労働者の大部分は、不熟練カテゴリー（事務職、労務職）に属する。このカテゴリーでは、移民労働者は多数派であり、パートタイム労働者や不安定

雇用契約労働者の中では、特に多い。そして、移民労働者は失業にさらされやすく、女性の職業参入はより困難である。より長期的に見れば、労働市場における移民労働力の問題は、労働力人口の高齢化のゆえに、新たな、未知の諸課題を提起する可能性がある。

4. フランスの独自性?

　社会人口学的変化、貧困、および就業・雇用体制に関しては、フランスは北欧の豊かな小国とラテン系諸国との中間に位置している。人口学的な動態を見れば、フランスは、ラテン系諸国とは逆に、スカンジナビア諸国およびイギリスに近づいている。反対に、労働市場では高失業が持続しており就業率も比較的低いという事実から、フランスはスカンジナビア諸国およびイギリスから遠ざかっている。最後に、フランスにおける貧困の諸結果は、スカンジナビア諸国と同様に、イギリスよりは限定的である。イギリスではヨーロッパのどこよりも不平等が拡大している。

　全体としては、明らかに、1980年代以降、フランスは失業と労働市場からの排除という現象を真に抑制することができなかった。高齢者は雇用の外側に押し出され、若者は労働市場への参入がますます遅くなるという就業体制が放置された。他方で、性別格差は、低下しつつあるとはいえ、フランスではまだなお大きい。

第4章
年金、賦課方式と積立方式

　2001年の最新の数字によると、フランスにおける年金受給者は1225万人に上る。920万人が元民間部門の労働者、180万人が元公務員（国家、病院、地方）、320万人が元農業従事者、手工業者、商店経営者である。最後に、数十万人の者が公的大企業の特別制度に属する受給者となっている [DRESS, 2002]。年金が国民総生産に占める割合でみると、1998年時のフランスは、イタリア、オーストリア、スウェーデンについでヨーロッパで第4位であった。60歳以上の人口比からすれば、第8位である。年金の平均支給額が（被用者であろうとそうでなかろうと）、現役就業者の手取り給与所得の78％であったことを考えれば、その時点でのフランスの年金制度は、ヨーロッパの平均と比べるとむしろ寛大なものであったといえる。

1. 細分化されながらも一貫したシステム

　強制加入、賦課方式の保障原理（当該年度に徴収された保険料がその同じ年度の年金支給に充当される）、にもとづきながらも年金システムは極度に細分化されている。500以上の個別制度が存在し、たがいに異なる規定にしたがい運営され、その給付水準もさまざまである。これらの制度のうち、1947年の一般制度の確立以前より存在していたことから、**特殊制度あるいは特別制度**といわれる制度が数百あり、公共部門の450万人の労働者が属している（全体の20％）。かくしてこのシステムのもとでは、各制度間で年金給付に就業世代の所得の不均衡が反映されることになり、不均衡は所得代替率いかんによってさ

らに拡大することもあれば、逆に減少することもある。

しかしながら、このような見方はいくつかの理由により修正される必要があるだろう。まず第1に、制度のうちのあるものは解体の途にあり、相互に系列化したり、連合化したりする制度もある。農業労働者と商工業自営業者を基盤とした制度（全国商工業自営業者自治組織調整金庫 ORGANIC）と、手工業者を基盤とした制度（全国手工業者老齢保険調整自治金庫 CANCAVA）は、民間部門労働者の一般制度（全国被用者老齢保険金庫 CNAVTS）に系列化されている。被用者補足退職年金制度連合会 ARRCO は非管理職の労働者の補足制度を再統合し、さらに、管理職の制度を再統合した管理職退職年金制度総連合 AGIRC と協調して機能している。また、社会保障システム全体がそうであるのと同様に、保険の原則は国民連帯の原則によって薄められ、それは各制度で保証される年金の最低保障額に反映されるとともに、人口構成の調整という名目のもと制度間で行われる財源移譲にも表れている。最後に高齢者所得のうち、金融所得や不動産所得が占める割合（25％）は重要であり、これは、生命保険のような退職時に備えた貯蓄の代わりとして、さまざまな投資が税制上優遇されていることを示している［Masson, 1999］。

年金の3大制度

三つの大きな年金制度が年金のほぼ全体（90％）を分配している。まず全国被用者老齢保険金庫 CNAVTS により運営される**一般制度**が存在し、管理職も含め民間部門の労働者すべてをカバーしている。全体の3分の1の額の年金が、60歳以上人口の70％以上に当たる850万人に支給されている。一定の報酬限度額のもと（2003年1月より月額2432ユーロ）、額面給与の50％に当たる支給率で年金が給付される。また、国家の統制がもっとも強いのがこの年金制度である。

補足制度（管理職の AGIRC、労働者全般の ARRCO、公共部門のうち非公務員向けの国家・公共団体における非正規職員補足退職年金制度 IRCANTEC）は、**一般制度**を基礎とした年金を補足する。全年金額の5分の1がこの制度によるもので、その代替率は1993年〜94年に改革が行われるまで、額面給与の

20％であった。労使代表によりそれぞれ1947年、1961年に設立されたAGIRCとARRCOは、1972年にはすべての労働者にとって強制加入となった。補足制度の独自性は**一定の保険料率**による賦課方式にある。実際、年金額の算出は拠出した保険料に応じた「点数」によるものであって、拠出年数によるものではない。他方、掛金（納付者にとっての）と点数の受取額（受給者にとっての）は、それぞれの個別制度の収支バランスによって決定される。この点にこそフランスの独自性が存在しているのであり、そのため、フランスの年金システムは3本柱からなるリベラルなモデル（賦課方式による最小限の強制加入制度、積立方式による強制加入の補足制度、年金貯蓄による任意加入制度）、欧州委員会の一部の勢力が欧州全体に一般化したいと考えているモデルから、遠くかけ離れたものとなっているのである（その結果、ヨーロッパ法はフランスの補足制度を基礎年金制度として扱う）。

　最後に**特殊制度**、**特別制度**があるが、これらは基本的に公共部門の労働者を保護し（公務員および公的大企業）、全年金の4分の1を給付している。これらの制度の加入者は、特に1993年以降、民間部門に比べ優遇されていると一般的に考えられている。代替率、年金の算定基礎賃金（退職直前の6カ月）、受給開始年齢（60歳、職種によって55歳、50歳）、賃金に対する年金スライドなどの点においてそうである――ただしこの最後の点に関して、80～90年代、状況は不利なものであった［Dupont, Sterdyniak, 2000］。だが、この制度の加入者が現実に優遇されているかどうかは議論の対象となった。なぜなら、公務員の基礎賃金の中で大きな割合を占めるボーナスが、年金受給額の算定に加えられていないからである。このような論争がもととなり、2003年7月の改革時には公務員のための補足制度が設立される運びとなった。

年金、社会保障予算最大の支出項目

　1950年代末より社会保障支出のうち最大の支出となっている年金が（第2章参照）、現在の規模となったのは1970年代の半ばのことである（社会保障給付全体の43％、2001年には44％を占める）。社会保障給付全体の継続的増大にはさまざまな要因がある。1980年代の初めまでは、主として満額を受給す

る退職者の数が増えたことに原因が求められる。1980年代の段階においては、特に1982年に年金受給の開始年齢が65歳から60歳に下げられ、**退職が加速された**ことがその主な要因である。1994年より今日に至る最後の段階では、まず1993年のバラデュール改革があるが、それは年金支給を徐々に抑制した。そして2000年にかけて出生率の低い世代が退職し始めたことにより、給付の増大は対GDP比12.5％で安定化することになる。こうして、年金支出の増大率とGDP成長率の格差は、20世紀最後の30年に特徴的な経済成長の低下にもかかわらず、徐々に狭まることになった［Concialdi, in *AR*, 2000］。

年金に関する進化は、したがってまず社会福祉にもとづいた改善の方向へ向かい、次に財政にもとづいた削減の方向へと向かったのである。1983年からは、市場の経済状況の影響下にある政治的エリートたちや経営者団体の圧力のもと、賦課方式による社会保障システムは長期にわたって維持することは困難であり、システムを「救済」するためには期間を限り、思い切ってその寛大さを捨てるしかないとの考えにもとづき、改革のための政策が立案されることになった。

2. 賃金圧縮政策にのっとった改革

先進国であろうとなかろうと他のほとんどの国でそうであるように、フランスにおいても年金を「金融化」し個人化する必要性が、普遍的展望を気取った三つの大きな論拠にもとづいて擁護された：(i) 長期的な人口推移からすれば、賦課方式の年金システム財政を持続させることはできない。(ii) 受給者の増加にともなう年金増加分を捻出するために、付加価値税を引き上げることは国際競争上許されない。(iii) 年金の公的システムは現実には退職者にとって恵まれすぎたものであり（フランスにおける支給額は就業世代の給与所得とほぼ同じである）、労働や事業設立への意欲を促すという点から見ても経済的に維持困難である。

しかしながら、この分野での構造改革は特に実現困難であった。そして1980年代に打ち出された政策はどちらかといえば二義的なものにとどまった。

それは一方で、すでに所得課税がなされていた年金に対して、1983年より医療保険料を、そして1991年からは一般福祉税CSGを課すというものであった。他方で、民間部門の年金額を、給与所得の伸びではなくインフレとの関係で、年度ごとに「暫定的に」再評価するというものであった。

バラデュール改革（1993年）

それに対し、1993年には一般制度と強制加入制度の大規模な改革が、エドゥアール・バラデュールの右派政権によって試みられた。年金満額受給のための拠出期間は数年のレンジで、すなわち37.5年から40年に延長された。同時に、年金受給額の算定の基礎となる期間は10年から給与のもっとも高かった25年間に延長され、基礎となる給与所得も、算定期間における賃金の伸びとの関係ではなく、物価の伸びとの関係で算定されるというものであった。この改革が長期的に及ぼす効果、とりわけ第2点目の政策の効果は、当初正しく見積もられることはなかった。現在では、一般制度の代替率は1994年から2010年にかけて約12ポイント［COR, 2002］、すなわち4分の1低下したと考えられている。さらに、ある推計によれば、この最初の改革によって、労働者の3分の1が満額年金を受給するためには、退職を2年半遅らせなければならなかったとされている［Ralle, in CAE, 1998］。後年の社会運動（1995年と2003年）から見れば、1993年の時点において労働組合の反発がなぜ生じなかったか考えてみるべきであろう。組合自体の構造的脆弱性に加え、改革が8月に決定されたという事実があるが、そこにまさに政府の巧妙な手法が見受けられる。政府は老齢連帯基金（FSV）を創設するとともに、「不当な負担」に関して組合の要求を満足させることに成功したのである（第2章参照）。

補足制度改革

1993年より、構造改革は補足制度にも及んだ。1983年から1993年にかけ、手取り給与所得に比べ伸び率の悪かった年金はすでに損失を被っていた。だが、それはまだ単なる調整の段階にすぎなかった［Dupont, Sterdyniak, 2000］。それに対し1993年から1996年の間には、重大な変革に関して協議が行われたが、

一般制度の場合と同様、その結果は代替率の急激な低下という形で表れることになる［Aprobert, Reynaud, 1998 ; COR, 2002］。実際、経営者側と労働組合は1993年から94年に、AGIRCとARRCOにおける保険料の実質的引き上げと年金支給の減額に関して同意した。向こう10年にわたって二つの制度の財政均衡を目的に行われたさまざまな妥結により、1996年に年金額は再び減少することになった。総計するなら、AGIRCにおける年金の購買力は、1991年から2001年までの期間と同様、1996年から2001年の間に年平均で0.6％低下した。ARRCOにおける損失はより軽微にとどまった（1996年～2001年で－0.1％、1991年～2001年で－0.2％）。このような年金の減額に対する組合側の同意が、労働者の力FOの衰退とフランス民主主義労働同盟CFDTの台頭や労使間駆け引きの変化と関連があることはたしかである。だが、実際に株式市場が好調な時期であったからこそ、年金基金の推進に関して労働組合の無抵抗すなわち暗黙の同意がみられたとも考えられる。

　したがって1997年3月に議会がそのような年金基金を制度化する法案、トマ法案を可決したとしても驚くに値しない。この法案は民間部門の労働者と経営者に、積立方式による年金基金に拠出するように促すことを目的とし、この基金への拠出と契約の見返りとして、税や社会保険料の免除を与えるものであった。しかし、ジュペ・プランに対する反対運動のあおりを受け、この法案は実現されることはなかった。実際、保険料免除の幅を理由に、労働組合運動は総体として最後はこの法案に反対することになった。なぜならその幅では財源が減少し、賦課方式によって運営される補足制度そのものの存立が危うくなるからである。この法律の撤回を公約していた左派は、政権を奪回するとともにそれを廃案へと追い込んだ。

　2001年1月には、保険料の拠出期間の大幅延長を狙って、執拗にも経営者側から新たな攻勢がAGIRCとARRCO内部に生じるが、組合側の反発にあい粉砕されることになる［Palier, 2002］。こうして、年金ポイントによる購買力の低下傾向は2001年には押し止められることになる。フランス労働総同盟CGTを除き、2003年11月に年金制度運営諸機関は、若年時に就労し、2006年時点において保険料がわずかに引き上げられる世代に関して、その年金額を調整修

正するという議定書に同意署名することとなった。

政治的に微妙な報告書

　2003年7月の改革にいたるまで、特殊・特別制度のみが年金受給資格の厳格化を目的とする改革から免れていた。ジュペ・プランが改革の対象とした項目のうち、公的企業については、1995年末の強力な反対運動にあい手つかずのまま残された。この95年の騒乱を踏まえつつ、ラファラン政権は公務員制度を改革の中心とし、特別制度（フランス国有鉄道SNCFなど）には触れることはなかった。同じ教訓はジョスパン政権にも引き継がれていた。新たな勤労者貯蓄制度を創設したにもかかわらず、ジョスパン政権は賦課方式の強化を明確にした。かくして、賦課方式に対する信頼を回復するため、1999年には国の歳入（主として移動電話通信システムUMTSのライセンス売却益）によってまかなわれる年金準備基金が創設された。この基金は一般制度に充てられ、2020年から2040年の間に予想される保険料の引き上げを軽減することを目的としたものであった。

　同時に、ジョスパン政権は社会的議論を醸成しつつ、改革プロセスを正当化しようと試みた。まず2000年には、可能な改革のあり方を探るべく専門家に一連の報告書――シャルパン報告、タデ報告、トゥラド報告を提出させることになった。1993年の改革の延長線上にあり、三つの報告書の中でももっとも公式のものであるシャルパン報告（当時の総合計画委員の名に由来する）は、公の民への同調、年金の満額受給のための拠出期間を40年に、ついで42.5年に延長することを勧告するものであった。この勧告はCFDTを除き、労働組合には不評であった。なぜなら、それは労働市場のおかれた状況を軽視していたからである。実際、第3章で見たとおり、若年層が完全就労する年齢が上昇し、また1980年代以来、55歳あるいは50歳以上の「高齢」労働者の早期退職が企業で実施されたことにより、**就業年数**が著しく短くなっていたのである。そのような状況では、満額年金獲得に必要な拠出期間を延長することは、大多数の労働者にとっては、現実に受給できる年金給付の引き下げを意味した。基礎賃金の算定方法の変更により、満額受給が打撃を受けたことに加え、以上の

フィヨン・ラファラン改革　2003年7月

　改革は公的大企業の特別制度を除く、すべての被用者・非被用者年金制度にかかわる。だがその中心は公務員制度を、1993年に改革された一般制度と「同水準のものにする」ことであり、60歳以降の平均寿命上昇に比例する形で、「就業年数および保険加入期間の延長」を目的としている。

　公務員制度（国、地方公共団体および病院）に関しては、導入される改革は以下の通りである：

　　　最大給付率のもとでの年金受給に必要な拠出期間を、段階的に延長し37.5年から2008年には40年に、そして他の制度と同様、2013年には41年、2020年には42年とする。

　　　満額拠出期間を満たさず、65歳以前に受給を始める者に対しては、2006年1月1日より控除（年金の減額）を適用する。減額率は段階的に引き上げ、2006年1月において不足年数1年につき3％、2015年には5％とする。反対に5年を上限とし、受給に必要な拠出期間を満たし、60歳以降も就業する者に対しては、1年につき3％の年金加算を行う。

　　　公務員制度は、補足制度AGIRC・ARRCOをモデルとした追加制度によって補完されねばならない。各種賞与に対して（賞与の20％を限度とする）保険料徴収（被用者5％、雇用者5％）を行うこととする。

　　　2004年より年齢にかかわりなく、3年を上限として就学期間の年金を買い取ることができる。パートタイム雇用の場合、最大1年間、フルタイム雇用と同様の保険料納付が行える。さらに教員については、他の職務にある場合においても、本来の職歴を継続することが可能である。

　　　年金のスライドは物価の変化に応じたものとする。ただし3年ごとに審議し、経済・金融状況に応じて見直しを行う。

　　　完全な職歴に対する年金の最低保障額を5％引き上げることとし、30年勤続した時点から保証する。

　　　病院に勤務する者のうち、医療ケア供給にかかわる職種については、10年につき1年の割合で、拠出に必要な年数から差し引くこととする。

ような縮減が打ち出されたことによって、労働組合側としては、最終的に賦課方式の年金システムを危うくするような改革を、もはや受け入れることはできなかった。

　だが同時にシャルパン報告は、長期の年金改革を左右する選択肢に関して、社会的議論が深化することを擁護するものでもあった。その主たる成果として、合意による改革に向けた協議を準備することを目的として、年金方針決定

一般制度など他の制度に関して可決された主要な改革は以下の通り。

公務員制度と一体化される 2008 年より、満額受給に必要な拠出期間を同様に延長することとする。

早期受給における減額は、不足年数 1 年につき現在の 10 ％から 2008 年には 5 ％に引き戻す。加算については、公務員制度と同様の規定を 2004 年から適用する。就学期間分の年金買取、パートタイム雇用期間に関する措置は一般化するものとする。

14、15、16 歳より就業し、40 年から 42 年の拠出期間を満たす者は、60 歳以前に満額年金を受給することができる。

遺族年金（配偶者に支給される年金）に関する年齢条件（55 歳）は廃止する。

基礎制度における最低保障額は、2008 年時点で老齢者最低所得保障給付の水準に達するまで見直しを行う。2008 年時点では、いかなる満額年金も最低賃金 SMIC の 85 ％を下回ることはない。

労使代表は 3 年以内に、労働にともなう苦痛への配慮に関する折衝を決着させることが望ましい。また、諸制度の財政パラメーターに関して、国と労使代表との間で 5 年間の審議を行うこととする。

商店経営主向けの強制加入の補足制度を創設する。自由業者および農業経営者の基礎制度については一般制度に水準を合わせることとする。

在職受給に関する規定は見直すものとする。雇用者による強制退職年齢は 60 歳から 65 歳に引き上げ、早期退職制度については制限を設ける。55 歳以降の雇用を改善するため、さまざまな奨励的措置を講じる。

最後に改革はすべての就業者に対し年金貯蓄を奨励し、税制面で優遇措置を行うことを明らかにしている。それは、今回の改革によって代替率が低下した賦課年金システムを補完するためのものである（満額年金をベースにした計算でいくと、最低賃金労働者で 81 ％から 75 ％、非管理職で 84 ％から 71 ％、管理職で 75 ％から 62 ％まで低下する）。それに対し企業においては、ジョスパン政権によって創設された任意従業員貯蓄労使間プランを改正し、年金貯蓄プランを創設する。公務員については、すでに積立方式により年金補足を行っている任意加入の運営金庫　PRÉFON（公職互助国民金庫）を再活性化する。

会議 COR が創設された。会議の冒頭ではまず、就業年数の短縮と平均寿命の上昇という矛盾した状況が取り上げられることになった。この矛盾はまったく当を得たものであり、事実、シャルパン報告の影響を部分的に受けたラファラン政権の改革にも（囲み記事参照）、それが一つのレトリックとして盛り込まれている。強力な反対（社会保険料の引き上げは不可能だとする原理原則にもとづいた反対）にもかかわらず、法案は 2003 年 7 月に可決された。だが法案

のある部分に関しては、将来の展望は不確かなままである。実際、賦課方式と積立方式の相互比較をめぐって理論的・政治的な論争が必要であり、そのような文脈のもとで改革を再考する必要があるだろう。

3. 年金基金か賦課方式か：論争

　財源からの支給という原則に依拠し、資金を集中化しながらそれを即座に再配分する賦課方式とは反対に、積立方式は個人による貯蓄という原則に依拠する。賦課による年金は、受給権者に対して、保険料を拠出する就業者によって支払われるものであり、後者は拠出によって、将来自らも同じシステムの恩恵を受ける権利を獲得する。積立方式によるシステムにおいては、退職者は個人的に積み立てた努力の成果を回収するわけであり、それは自らが蓄えた資金の運用利益であるといえる。年金に対する権利の根拠はしたがって相異なり、一方はまったく社会的な権利であり、他方は個人の将来予測にもとづいた個人的な権利である。だが現実には、これら二つのシステムは、強制加入・任意加入、集中的・分散的、確定拠出・確定給付のいずれでもありえ、あるときはその差異が不明確になる。両極として論争の中心に位置する二つのシステム、たとえばフランスにおいて全国被用者老齢保険金庫CNAVTSによって運営されているような強制加入・賦課型・集中的・確定給付のシステムと、アングロ・サクソン流の年金基金のような任意加入型・積立型・分散的・確定拠出のシステムとの間には、スペクトルのごとくにさまざまな制度が存在する。たとえば、共済にもとづいた賦課型（職域かつ/あるいは地域にもとづき任意加入型で分散的）であり、かつ/あるいは場合により確定拠出のものや（AGIRC・ARRCO）、積立型・強制加入型・集中的で、かつ/あるいは場合により確定給付のものがある。

　1990年代には、民間の年金基金と積立方式年金を、高齢化にともなう経済の構造的な問題を解決する万能薬と考えるネオ・リベラル派の攻勢を受け、「最良」の改革とはなにかという点をめぐり、大きな論争がフランスで巻き起こった［詳細についてはThéret, 2003］。この論争には、一般的には左派に属する賦

課方式の支持者だけでなく、もともと態度が不明確で、政治的なコミットのない経済学者や人口学者たちも加わることになった。彼らは年金基金を支持する者たちの論拠が、科学的にどれほど有効なのか、その点に関心を抱いていたのである。年金基金の支持者の中には左派の者もおり、彼らは政治的論拠を前面に押し出したが、その論拠は世紀の転換期に生じた金融バブル崩壊の後、右派によって再び取り上げられることになる。

人口学的論拠

　まず、積立方式の支持者たちによれば、将来の人口学的困難（退職者数に対する就業者数の減少）に対処するうえで、積立方式は賦課方式と比べより有効である。この主張に対して賦課方式の支持者たちは、平均寿命が延び、現在の年金水準を維持したいと望むのならば、積立方式のシステムにおいては、その財源を賄うため追加徴収が必要となると反論した。年金の一定水準においては、就業者からの徴収は制度の相違とは無関係である。二つのシステムにおける唯一の相違点は、当該年度の成果に対する債権の形態にある（一方は過去の労働にもとづく権利、他方は貯蓄という名目での権利）。

　積立方式は人口変動を直接的に反映するもので、世代間の公平性という点で、賦課方式と比較して大きな欠点を有している。事実、年金を受給する時点で金融市場を取り巻いている経済情勢により、年金が各世代で異なってくる恐れがある。他方、金融市場の経済情勢そのものが、支給すべき年金総額によって左右されるため、代替率で比較した場合、人口数の少ない世代は多い世代より多くの年金を享受することになる。

　最後に、第3章で見た通り、就業世代に対して非就業世代が及ぼす、その長期的・全体的な負担増は相対化される必要があるが、この点においても改革の利点は損なわれることになる。なぜなら、制度の移行にかかるコストは非常に大きなものにほかならないからである。

受給率という論拠

　第2の論点として、経済の面において年金基金の方がより有利だとするもの

がある。受給率のよさからいって、たとえ保険料が同じでも、より高い給付を分配することができるというのである。しかし、伝統的な経済理論からすれば、積立方式が退職者にとってより高い受給率を有するのは、低い出生率により人口の再生産が構造的に減少する場合に限られる［Concialdi, Lechevalier, 2003］。おそらく、第3章で見た通り、フランスはそのようなケースには該当していない。

　他方、マクロ経済の観点からすれば、積立方式の受給率が有利なものとなるのは、最低限でも利子率がつねに付加価値の成長率（それが賦課方式において保険料の受給率を決定する）を上回っているときに限られる。長期的に見てこのような仮説は成り立たないであろう。実際、それは賃金所得を犠牲にするとともに資本所得を優遇して、付加価値の分配を継続的にゆがめることに通じるが、そのようなことは現実的にも理論的にも支持できない［Concialdi, Lechevalier, 2003］。それにフランスの場合、過去のデータを参照しても、賦課方式に対して積立方式の受給率が高いことを結論づけるものはなにもない。

　そのうえ、仮に積立方式の受給率が制度的に賦課方式より高く、理論上、システムを変更した方が受給者の利益になると考えられる場合でも、歴史の経験が教えていることは、そのような変更によって利益を得るのは、年金基金を運営する金融組織であって、受給者自身ではないという点である。年金基金運用にかかるコストは賦課方式に比べて大きく、年金基金の間で競合が生じれば受給率差を上回ってしまう。トンプソン［Thompson, 2003］によれば、中央集権的運営の場合で0.4％であるのに対し、コストは2.5％にまで達し、そして受給率の増加分は1953年から1995年でいえば2％に満たない程度である。さらに、世界銀行が奨励しているように、先進国であれ途上国であれ、資本主義諸国において賦課方式を犠牲にして積立方式の年金制度が発達すれば、金融はより不安定なものとなり利回りも低下するだろう。年金の受給権を行使する世代よりも、蓄積された基金の埋め合わせに自らの貯蓄を投ずることのできる新たな世代が少なくなるだろうから、なおさらそうである。

　最後に、積立方式の一般化に対して、三つの重大な障害があることに言及しておかなければならない。一つは、賦課方式が古くから年金システムの中核に

ある国の場合、制度の移行にかかるコストの問題がある。制度の移行時に保険料拠出を行っている世代は、保険料を二重に支払わなくてはならない（一つはその時点における年金受給者のため、他方は将来における自分自身の年金のため）。第2の障害は、税と社会保険料の免除にかかわる予算コストの問題であり、それは積立金を長期間にわたる投資へと誘導してゆくためには必要な措置である。経済成長が低く将来の不安が大きいだけに、コストはそれだけ大きなものとなるだろう。最後に、積立方式の受給率が賦課方式より優れていると仮定し、受給率を根拠に制度の転換を行えば、運用成果に対する非就業世代の権利増大につながり、ひいては年金負担の増大につながるが、それはまさしく現在の政権が回避しようと考えているところである。この場合、受給率という論拠は積立方式にとって不利なものとなる可能性がある。

経済成長という論拠

　積立方式を支持する第3の経済的論拠は、まさしく貯蓄と経済成長にかかわるものである。積立方式は貯蓄を、したがって投資を増大させるゆえ、積立方式は賦課方式より優れており、また経済成長にとっても好都合に作用するというのである。このような論拠は、家計貯蓄率が非常に低いアメリカにおいては受け入れられるとしても、貯蓄率の高いフランス、日本、ヨーロッパなどでは成立しない［Legros, 2001］。

　そのうえ、賦課方式に反対する者たちは彼らの本質的な論拠の一つとして、グローバリゼーションの影響下で、社会保険料の引き上げをこのまま継続することは、企業にとっても国家にとっても不可能であると主張するが、フォード主義・ケインズ主義下の経済成長時代の歴史的経験は、社会保険料の上昇が、高度経済成長や企業の高収益と両立しうることを示している［Piriou, 2003］。逆に、他の制度を何も変えずに積立方式に移行したとしても、それは問題の解決にはならない。なぜならすでに指摘した通り、それはやはり（増大する企業や国の負債負担を介して）消費に充てられる付加価値への課税増大につながるからである。

　さらに、積立方式には公平性という問題が生じる。就業世代それぞれで積立

金がまちまちであるからだ。だとすれば、公平性によって要求される、年金基金に対するアクセスの普遍性というものは、強制加入型の保険料拠出によってしか達成できないだろう。それはまた強制徴収される保険料の引き上げへと至ることになるだろうが、それは積立方式が本来避けるべき事態である［Balligand, de Foucault, 2000］。同じく公平性の観点からすれば、年金基金の競合を制限し、公的な独占機関による中央集権的運営へと向かうことが要求されるだろうが、それは積立方式を支持するネオ・リベラリズムのイデオロギーと矛盾することになる。いずれにせよ、賦課方式による年金が社会的統合と社会的連帯に参画している社会においては、積立方式は倫理的ならびに政治的な問題をたえず提起し続けることになる。実際、積立方式は資産の個人主義化を助長するものである［Orléan, 1999］。そのような視点から考えれば、欧州委員会における一部のネオ・リベラリズム勢力が、なぜ積立方式を優遇するのか説明がつく。ヨーロッパの政治的秩序における欧州委員会の権力確立は、社会的・国民的絆の相対的な弱体化を通して行われるものだからだ。

政治的論拠

　総体的に見ると、積立方式が賦課方式より効率的だとする経済的推論は、実際には合理的な根拠をもたない。賦課方式と同様に、それは年金システムを社会の高齢化に適応させることはできないし、経済成長を促進させることもできない。公平性の問題に関しては、大陸ヨーロッパの社会の文脈の中では、それは明らかに積立方式の拒否へと収斂してゆく。

　すべてから明確になるのは、人口学的危機にともなう賦課方式に対する評価の低下の原因が、合理性のレベルにあるのではなく、資産の個人主義化の発展を望むイデオロギーにこそあるということである。積立方式がもてはやされることの背景にあるものは、経済ではなく政治・イデオロギーであり、効率性ではなく社会的選好であり、合理性ではなく市場によって価値決定される私有財産権への信頼であり、公権力によって保証される社会的諸権利への信頼である。

　こうして、理論的な論争が尽くされた後、結局のところ経済的論拠は、単な

る独断的論拠ではないにしても、より直接的な形で政治的正統性を主張する論拠に取って代わられるのであった。

　この種の論拠の第1のものは、政治勢力としては左派に位置する支持者によって主張されたことから、「社会主義的」とも呼べる論拠である。彼らによれば、積立方式により、労働者は企業を統制する新たな権限を獲得することができるという。なぜなら、年金貯蓄基金を労働組合が管理運営することにより、株式資本の少なからぬ部分を労働者が占有化することになるからである。このような「年金基金社会主義」の可能性は、アメリカの労働組合が運営する基金の経験によって否定される。というのも、運営を行ううえで最優先されるのは金融の論理であり、労働者のそれではないからである［O'Sullivan, Pernot, Sauviat in *AR*, 2000］。

　同様に左派により主張され、また右派にも取り上げられた「ナショナリズム」的な論拠にしたがうなら、フランスおよび欧州連合は、独自の年金基金を発達させるべきで、それはヨーロッパの金融分野におけるアングロ・サクソン型資本のヘゲモニーに対抗するためである［CAE, 1998］。このような論拠は、明らかに次の事実を無視しているといえる。すなわち、他のEU諸国と同様、フランスは国際収支の大幅黒字に比例する形で、すでに巨額の、しかも増大しつつある貯蓄を有しているということである。また、フランスの年金基金はリスクを減少させるために、投資を別のところに向けながら、ポートフォリオを多様化させる必要があるということである。ヨーロッパが直面しているのは、したがって年金支給の問題であって、積立額の規模ではない。そして年金基金の発達は、この方式において必然的に採用せざるをえない金利生活者の論理にしたがって、問題をさらに深刻なものにするだろう。

諸教義から「備蓄型賦課方式」という妥協へ

　しかしながら、積立方式が平均寿命の上昇に対処する万能薬ではないとしても、平均寿命の上昇は賦課方式においてもやはり問題となる。賦課方式の多くの支持者はその点を認識している。経済的に完全に維持できるような社会保険料の引き上げこそが解決策であると彼らは考えるのだが、同時に彼らはそのよ

うな引き上げが社会的受容という点で問題があることも認めている　［Masson, 1999 ; Concialdi, Lechevalier, 2003］。

　この点において賦課方式は、次の二つの問題に直面している。

　まず、社会の高齢化が平均寿命の上昇のみならず、出生率の低下の結果でもあるような状況下では、受給率に関する論拠も意味をなし、一定の貯蓄を有する中流階級などは、積立方式に対する彼らの政治的選択の表明として、賦課方式のもとでは保険料を拠出することを躊躇するだろう。賦課システムに対する信頼の根拠となる世代間の社会的契約の修正を、国が一方的に何度も行うようなことがあれば、このような態度はさらに強まることであろう。

　ついで保険料率に関していえば、心理的な上限というものが存在する。

　以上のことから、賦課方式による制度の中に、積立方式のある部分を取り込むというような妥協的な考え方が生まれる。つまり、賦課制度の中に準備基金を導入し、それにより保険料増大を抑制する、あるいは緩やかにするというものである。だが、準備基金のあり方については二つの考え方が存在し、専門家たちの間では意見が分かれている。

　受給率と貯蓄性という点で積立方式にもっとも魅せられた論者たちは、準備基金を一つの構造的手法と捉え、保険料率を抑制する（あるいはそれを引き上げない）ために金融利益を活用できると考える［CAE, 1998］。他方の論者は金融利益の永続性を疑い、基本的に準備基金制度を賦課方式の信頼を回復するための手段と捉え、準備基金によって、人口の変動によって生じる保険料率の増大を緩和できると考える［Masson, 1999］。このような準備基金構想のもとでは、運営利益のみならず蓄積された資本が、社会保険料率の急激な増大を回避し、年金の財源として充てられることになる。

4. 年金の将来

　ここまで概観した論争から、フランスにおいては、合理性という面に限っていえば、経済学者たちの所見が、積立方式の推進が年金問題の長期的な解決策だとする考え方に根拠を与えるものではないことがわかる。だとすれば、2003

年のフィヨン・ラファラン改革が断固たる改革として提示されたとき、自らの正統性を経済的合理性から導き出しているとされる積立方式が、政治領域において多くの支持者を獲得し、あれほどまでに取り上げられたことをどう理解すればよいのだろうか？

　このような疑問に答えることは、本書が目的とする域を超えている。だが、二つの主張を批判的に吟味してみることで、今後の予測をたてることは可能である。これら二つの主張は相反するものとはいえ、さまざまな社会運動の政治的インパクトを捨象しようという点では意見が一致している。ある論者にとっては、欧州委員会や国際的な金融機関によって支持されている年金基金の発達は、確実なものとされる。それは 2003 年 7 月の法律により体系化されることになった、1990 年代の「多様な変化に対応する(パラメトリックな)」改革から、機械的に生来するものだとする。実際にこの改革は、賦課年金による所得代替率を厳しく抑えることで、年金貯蓄に道を開くこととなった。結果として、年金貯蓄がやがて広い範囲において賦課方式に取って代わるとされる [Bonoli, Palier, in *AR*, 2000]。別の論者は反対に、賦課方式システムがすでに制度化されている以上、実際に積立方式へと移行するには、そのコストがあまりにも大きいと考えている [Myles, Pierson, 2000]。

　これら二つの主張のいずれかを選択せねばならないのだろうか。あるいはここでもやはり折衷的な方式を考えてみる必要があるのだろうか。フランスにおいては、新たに積立方式の年金を創設することが問題とはならないことはすでに見た通りである。なぜなら、年金貯蓄制度に近い形のものはすでに存在し、大部分の世帯に及んでいるからである（生命保険については 40％）。したがってこの領域においては、歴史的な大転換を行うということは問題にはならない。世論調査の結果にもそれは透けて見えている。その調査においてフランス人たちは、積立方式の発達を望むと何気なしに答えているが、おそらくそこに垣間見えるのは、賃金労働の価値がささやかな個人所有の価値と結び付いているとする、フランス社会の中で醸成された虚構にほかならない。

　とはいえ、今後予想しうるのは年金貯蓄の飛躍的発達ではなく、むしろ既存の貯蓄の転換である。この方向性においてまず次のように考えてみよう、つま

り、多様な変化に対応して定期的に行われるべき修正がすでに十分尽くされたと判断される以上、構造的に賦課システムを再検討する必然性はないとする合意形成が最終的にはできているとする。だが実際には、政権や社会的勢力の相関関係いかんにより、すべての改革が逆方向へと反転する。他方、積立方式をフランスにおける決定的な年金制度改革とするためには、それを後押しするような追加的な税制措置が必要になるだろうが、それは国とその財政にとって大変なコスト増となる。このような政策は予算上、さまざまな問題を引き起こすことになるだろうが、それはまさに年金改革によって政府が当初解決しようと望んだものにほかならないのである。

　2004年の時点では、フランスの年金システムにおいて、賦課方式と積立方式の間の新たな均衡を安定化させるような、社会的・政治的妥協はまだ確立されていない。

第5章
医療、限定的民営化と普遍的保障

　フランスにおける医療総支出は国内総生産の10％弱を占め、アメリカ、ドイツ、スイスには及ばないが、欧州連合の大半の国を上回っている。国際的評価によれば、フランスの医療サービスは相対的に優秀だが、ある領域（概して最先端医療）における質の高さとは対照的に、別の領域（概して通常疾病、それは2003年夏の猛暑時の医療危機が示す通りである）では深刻な欠陥が見られる。したがって、フランスは「平均的な医療行為に対して他のヨーロッパ諸国より」、多くの支出を行っていると考えることができる［Mougeot, in CAE, 1999］。

　医療行為の提供に関するフランスの公的システムは、ほぼ普遍的な保障を実現しているが、大部分を民間の外来医に依存している。2000年時点で19万3000人の医師のうち、11万7000人が開業医であり、5万4700人が病院の勤務医となっている。医療保障はイギリスのように、医療行為を無償で提供する普遍的な公的システムを基盤として組織されてはおらず、社会保険の原理にもとづき、民間による医療の提供と、公による財政負担という共存的な状況を可能にしている。だが、この共存は同時にシステムの財政的問題と不平等性の一つの要因となっている。フランスのシステムの特徴である公と民との間での両義的関係の調整は、実際には社会保険を管理する労使代表と開業医との間の妥協の産物でしかない。このような妥協的な関係は支出増大へとつながる。国は保険料の強制徴収を課す権利を、それぞれの保険金庫に認可するという立場上、財政面で後者を監督する権限を有するはずだが、予算面での厳格性を推し進めようとすると、その権限は曖昧なものとなる。また1980年代以来、医療分野

における社会保険の原理は部分的に見直され、健康に対する権利が労働者にではなく、市民権に帰属する権利であるという考え方が台頭してくる。

　これとは反対に、歴史的に医療保障のシステムが保険原理を基盤とし、共済などにより補完されてきたという事実は、システム全体の見直しに歯止めをかけ、医療ケアの供給を規制したり、外来医療の自由な性格を制限したりすることにつながる。1970年代より行われてきた医療制度改革は、これら二つの方向性の間での揺れ動きを示す好例である。

1. システムの構成

　フランスの医療保障のシステムは年金ほどには細分化されていない。保険制度は20ほどで、医療費の保障とともに、休業期間の手当を日額で給付する。三つの制度が加入者の大半をカバーしている。民間部門の被用者と公務員にとって強制加入となっている**一般制度**（全国被用者医療保険金庫 CNAMTS）は、もっとも大きな組織で医療費支出の80％を占めている（CMU──**普遍的医療保障**──も含め受給者は現在4600万人に上る）。**農業社会共済組合** MSA は410万人をカバーし、特殊な保険金庫（独立自営業者医療保険金庫 CANAM）が非農業部門の非被用者（290万人）をカバーしている。最後の二つの制度だが、「現物支給」（治療費）に関しては一般制度に準拠している。三つの制度は各世帯の医療支出に対し、「理論上」ある一定の保障率を保証しており、その率は給付の種類により（保険加入協約料金の）35％から100％となる。それに対して、独自の保険金制度を有する**特別制度**については、より高い現物給付・現金給付を行うものもある。フランスのシステムのもう一つの基本的特徴は、支出が非常に偏っている点にある。2000年においては、一般制度の10％の被保険者（大半は高齢者）のために医療費の64％が支出され、5％の被保険者により51％の医療費が消費されている。

　医療ケアは公立病院・それに準じる機関（民間によるサービスも含む）や保険加入協約を結んだ私立病院、あるいは外来医療に属する民間の医療従事者（医師、看護士、医療補助者）により提供される。すでに見たように、システ

ムは一部矛盾した原理の上に構築されている。一方では医療の自由が尊重されている。すなわち患者は民間から治療の形態と医師を自由に選択することが可能で、受けたサービスに対して支払いを行う。だが他方、費用（治療および薬剤）については、「自己負担分」（料金のうち患者負担とされている部分）を除き、定められた料金を基準に払い戻しを受ける。料金であるが、病院については国によって定められる。開業医の場合は、医師組合と保険加入協約を結んだ保険金庫により、両者の交渉にもとづき定められる。

医療ケアの需要増大につながる客観的要因（たとえば社会の高齢化やエイズの感染拡大）に加え、医療にかかる「コスト」の増大は、1990年代前半までの段階においては、支出および保険料の急速な増大を受け入れた医師組合、CNAMTSの共同管理者である経営者団体、労働組合の間に見られる「インフレ連合」の支配の結果であった［Damamme, Jobert, 2000］。国は公立病院以外の分野においては、医療ケアの供給を制御することができず、医療の需要に対して間接的な圧力をかけざるをえなかった（被用者の社会保険料および自己負担分の引き上げ）。しかし経済成長の鈍化、度重なる景気後退とネオ・リベラルな経済政策のために、両者の間の妥協的関係は次第に風化し、システムに関与する社会的アクターの間で取り結ばれる新たな関係構造にその座を譲ることになる。

2. 公的保障を制限する諸改革

支出の抑制と医療コストの削減をめざす政策は、1975年以来、政府の計画の中にあった。三つの戦略があり、これらは政治的にはいっそう実現困難なものであったが、およそ第2章で示した三つの経済周期に対応する形で適用された。2004年度に練り上げられた改革は、年金制度改革と同様、システムの進化における第4の段階を開くものとなる。

マルサス主義的政策の20年

供給の側からいえば、スタグフレーションの段階（1975～83年）において

表12　外来保険医に占める「セクター2」医師の割合

セクター2の比率（％）	1980*	1981	1985	1987	1990*	1991	1995	1999
医師全体	18	19.5	21.3	25.6	32	30.3	27.6	25.6
一般医	10				22			
専門医	30				49			

＊Pouvourville, 1994による。他の年度についてはCREDES, 2001による。

は、国は1971年に実施された入学者数制限をさらに推し進め、医学部2年生の学生定員数を削減した（8700人から5000人）［CREDES, 2001］。需要の側からすれば、国の政策は支出に見合う財源確保のため、社会保険料を引き上げることに終始しており、特に保険料の上限の引き上げを行った。他方で外来医療および薬剤の償還率については、引き下げの方向で見直しが行われた。だがこれらの措置は、対GDP比において増大し続ける医療費支出（7.8％から9.1％、第2章表4を参照）の抑制に失敗している。

次の段階、競争的ディスインフレーションの時期には（1984～93年）、入学者数制限が強化されたが緩やかなものであった（5000人から3800人弱）。このようなリベラルとはいえない政策が長期にわたり積み重ねられた結果、ここ数十年の一つの特徴である、医師の不足、特に病院勤務医の不足という状況が生み出されることになる（新人医師の数は1977年の9000人強に対し1998年で4000人弱）。だが同時に、1980年代には三つの重大な制度上の変化が見られることになる。

まず1980年にはCNAMTSと医師たちの間で新たな保険加入協約が結ばれ、処方の自由に立ち戻る動きがあった。その協約により医師の裁量が拡大され、医師は保険協約料金を超えた請求を行うことが許された。患者側が料金の償還を受けるという状況は変わらない。新たに設けられたこの「セクター2」に属する医師数とその割合は、特に専門医や大都市圏において急増し、10年間で平均10％以上の伸びを示した（表12）。結果として、社会保障によって賄われない医療費が著しく増大することになった。

同じ方向性にあるものとして、1983年より**ホスピタルフィー**の制度があり、これは病院および保険加入協約下にある診療所において、入院費用の一部を患

者負担とするものである。最後に、公立・私立の非営利病院（全ベッド数の75％を占める）に関して、1984年より年間予算額の上限が定められることになる（**総枠予算方式**）。この政策は外的な数量コントロールでしかなかったため、主として人件費の削減、そして基本的病院サービスの質的低下につながることになった。そこから看護師のみならず勤務医たちによる、多様で長きにわたる社会運動が展開されることになる。またこの総枠予算方式により、地方の予算配分は打撃を受け、それ以前より存在していた予算配分の地域格差を定着させてしまうことになった［Pierru, 1999］。最後に、この予算制限から免れていた私立の営利病院においては、医療コストはとめどもなく増大し続けた。

　結局、患者にかかる個人負担増、予算制限、そして民間医療に比べ公的医療に重くのしかかる不平等な競合原理などによって、最下層の人々に提供される医療ケアの質・量の低下が引き起こされることになる。これらの人々は医療ケアを公的医療に求める傾向にあるが、公的医療においては医療の供給は故意に制限されている［Mormiche, 1995］。かくして一連の政策は、総じて有効性に欠けていたというだけにとどまらず、公的医療、そして医療システム全体の中で支配的な、ケアの平等性の原理を揺るがすものとなった。したがって、1990年よりセクター2の拡大に歯止めがかけられ、民間病院の院長経験者や公的病院の補助医師だけに認定が与えられるようになったことも理解できる。実際この段階において、貧困層を取り巻く医療環境の悪化は、セクター2医師の増加、ホスピタルフィー、セクター1および薬剤の消費増大に対する自己負担分の引き上げ等々、度重なる改革により累積的に生み出されたものであるという事実から、政治的にもはや見過ごすことのできないものとなり始めていた。

共済保険の発展と貧困層における保障の劣化

　これまで検討したさまざまな方策は、医療ケア供給の民営化、そして増大する医療コストの患者への転嫁に向かうものであった。しかしながら、フランス人の多くが次第に補足的保険に加入したため（1970年で49％、1980年で69％、1990年で83％、2000年で86％、補足的CMUも含め2002年で90％）［Rapport Chadelat, 2003］、コスト増は主としてそのような保険に振り向けられ、

表13　医療ケアおよび薬剤における財源

医療支出の比率（％）	1975	1980	1985	1990	1990*	1995*	1998*	2001*
社会保障	73.2	76.5	75.5	74.0	76.0	75.5	75.5	75.7
国	4.1	2.9	2.3	1.1	1.1	1.0	1.1	1.4
公的支出総計	77.3	79.4	77.8	75.1	77.1	76.5	76.6	77.1
共済	4.8	5.0	5.1	6.1	6.1	6.8	7.1	7.4
「社会」保険総計	82.1	84.4	82.9	81.2	83.2	83.3	83.7	84.5
民間保険		1.5		3.1	2.6	3.1	3.0	2.7
世帯		14.1		15.7	14.2	13.6	13.3	10.8

＊Nouvelle base 1995 des comptes de la protection sociale による。出典：Comptes de la santé.

　自己負担分は共同負担のメカニズムへと変えられることになる。ところで、そのような補足的保険は基本的に「**共済保険**」であるため（非営利目的で就業者が任意で加入する職域連帯、あるいは職域間連帯の組織）、医療保険で賄われない医療コストの増大によって医療ケアに対するアクセスの「商品化」があっさりと進むようなことはなかった。大多数の人々にとって、これらのコストは原則的に「共済化」され、その結果、（公的支出や社会化された支出以外の）家計による民間ベースの支出負担分は横ばいを示し、1990年では減少することにもなった（表13）。

　実際、社会保障と「社会的」支出分はおおむね1975年の水準でとどまっている。家計の負担（共済保険以外の補足的保険も含める）は、1975年時点で1960年の半分であり（30％に対して15％）[Caussat et al., 2003]、さらに減少傾向にある。その基本的な動向は国と共済保険との間での代替ということである。

　したがって、一般制度および付随する制度により医療に関する財政的リスクを全面的に負担するという動きが、1983年に停止したとはいえ、過去30年において強制加入による医療保険が構造的に後退したということはできない。共済保険が大きく躍進することになったが、その躍進ぶりは長きにわたるフランス型システムの歴史から直接導き出されたものにほかならない。それは、CMU制度にその後見られるような政治的エリートたちの、よりベヴァリッジ的傾向に対して、現存する構造の永続性を代弁するものであった。

表14 社会階層別にみた補足的保障適用率と受診回避率 (%・1996年)

	補足的保障適用率	受診回避率
農業従事者	84.4	6.4
非熟練労働者	69.9	18.1
熟練労働者	82.1	17.7
一般事務職	79.4	24.4
中間管理職	92.1	17.8
上級幹部職	90.9	11.2
手工業者・商店経営主	82	14.9
全体	86.4	16.5
失業者		33.7

出典:Rupprecht, in CAE, 1999.

　だが以上のような動きは、医療アクセスの不平等性を著しく深刻化するものとなった。理由は二つある。まず、所得のもっとも低い社会集団においては、共済保険による保障の伸びはもっとも低いということがある(表14)。他方で、同時期に施行された政策によって、そのような社会集団の規模が増大する一方、国民所得の中で彼らに再配分される部分は減少することになった[Théret, 1991]。現実に高度成長の後、補足的医療保険によって保障を受けている者は、1990年代においては86%程度で停滞する [Rapport Chadelat, 2003]。その結果として、1999年時点で950万人が依然として共済保険による保障のない状態であり、そのうち社会扶助によって100%の保障を受けている者はたった250万人にすぎない [Volovitch, 1999]。1995年のある調査の推計では、月給6500フラン以下の世帯における受診回避率は25%以上に上ると考えられる [CAE, 1999]。

　「支出抑制」を目指す改革はその会計目標を、暫時的にそして大きな困難とともに達成するが、それは基礎医療における効率性の低下、医療アクセスの著しい不平等性の増大と引き換えのものであった。こうして、以上のような非効率と不公平を背景に、1993年を境として、単なる財政削減を目的とした政策は、財政調整とともに本来医療が目指すべきところをより有効に実現するため、より構造的な改革にその座を譲ることになる。ネオ・リベラルのイデオロギー的文脈からすれば逆説的なことではあるが、これらの新たな改革は、医療行為

はリベラルなものだとする、その伝統的性格を制限する傾向にあるものであった。1995年のジュペ・プランはこのような方向を体系化したのである。

3. ジュペ・プラン（1995年）の幸と不幸

　司法判断を拠りどころとした医師組合の強力な反対にあい、その大部分は挫折したとはいえ、この野心的プランはそれ以前の着実ではあるが副次的な諸改革を参照しながら、構造改革に大きなはずみを与えるものであった［Join-Lambert et al., 1997］。このプランにより表明された数多くの政策は実現されることはなかったが（囲み記事参照）、あるものは生き残り、またあるものは修正される形で、フランスの医療保険システムの政治哲学を変革するものとなった。

　ジュペ・プランによって同時に明らかになったことは、医療ケア供給に関するいかなる調整にも強力に反対する医師たちの存在であった。歴史的に見れば、彼らが受け入れた唯一の政策は入学者数制限のみであったが、この政策がマルサス主義的色彩をますます強める性格のものであることはすでに見た。医師たちの反対により、国によって模索された妥協点、すなわち医師の個人裁量と医療保険支出の全体的抑制の間の妥協点はいまだに見いだせないままである。2002年の総選挙後、医療行為の料金に関してラファラン政権が医師たちに譲歩して以来（6.2％の料金引き上げ）、妥協点を見いだすことはこのうえなく困難な状況となっている。うまく運んだとしても、医療コストをコントロールするためのメカニズムは、非常にゆっくりとしか機能しないだろう。しかしながら、1994年度より「**医療支出の医学的抑制**」が進展しつつある。医師たちの抵抗によりブレーキがかけられているのは事実だが（2000年初頭の段階で医療保険金庫の情報システムに接続されている医師は全体の3分の1にすぎない）、「**拘束力のある医療指標RMO**」、すなわち医療保険の承認を得るために必要な治療上のノルムというものが徐々に前進しつつある。他方、医療ネットワークの実験、ジェネリック医薬品の使用に関しては、それらが一般に浸透するには容易な状況ではない（処方箋に記入された薬剤の代わりにジェネリック薬剤を用いるよう薬剤師に奨励する必要さえあった）。

第5章　医療、限定的民営化と普遍的保障　87

医療のためのジュペ・プラン

1. 普遍的医療保険制度 CMU を創設し、現行の 19 制度を包括するものとする。保障を受けるための条件は、労働（あるいは労働者への関与）から住居へと変更する（この点については**政権交代および CMU 制度導入によって修正された**）。
2. 議会は憲法上、年間の医療支出限度額を決定する権限を有する。上限を超えた医師には罰則を適用する（この措置は一度も適用されることはなかったが、医師たちの反対にもかかわらず施行され、やがて国務院によって**違憲と判断される**）。1996 年の憲法改正法、および組織法により、社会保障財政法 LFSS は毎年国会による承認を得なければならないこととする。この法は特に医療保険支出の国家目標 ONDAM を定める（**1997 年より開始**）。
3. 医療保険金庫の運営理事会は再編する。**労使代表による運営の伝統**とは逆に、今後は政府が金庫の責任者を任命し、職権の範囲内で専門家が導入される（この措置は**実際に施行されている**）。医療費目標に関する協定システムにより病院を監督するため、地方病院局を創設する（地方自治体長は運営理事会の長になる権限はもはやない）。公立・民間を問わず、医療サービスの評価と施設間の連携調整が強化される（**運営理事会における地方自治体長の規定を除けば、以上の点は現在施行されている**）。
4. 社会保障財政の原則を修正する。社会保険料の代替として一般福祉税 CSG を拡大することにより、国の負担を大きくする。社会保険料徴収を課税対象となる退職者や、最低賃金を超える所得を得ている失業者にも拡大する。製薬会社に対し付加的な特別税を課し、「ジェネリック」薬剤の使用を奨励する。前述した「社会保障債務」（累積赤字のファイナンス分）は向こう 13 年間、新たな税（社会保障債務返済税 CRDS）の導入により軽減をはかる。税率は 0.5％とし、すべての所得に課税される（社会的ミニマム、預金、年金は除く）（第 2 章参照）。家族手当も課税対象となる（**実際には施行されていない**）。
5. 「拘束力のある医療指標 RMO」の一般化による医療支出の医学的抑制の強化をはかる（**施行中**）。患者の「重複受診」を抑制するために医療手帳を交付する一方、専門医への自由なアクセスを制限する（**現在施行されていない**）。

　それに対して、ジュペ・プランおよび 1996 年に成立した社会保障財政法 LFSS は、医師が被用者として従事する病院において、より大きな変革を導入することになった。地方病院局 ARH には、すべての病院における医療計画化と財政を監督する全般的な権限が付与され、それまで国と社会保障金庫との間で分離されていたサービスを統合した。この地方病院局は地方医療局へと姿を変え、地方における医療ケア供給システムの計画化に関して包括的な権限を付

与することが検討されている。ARH は LFSS で定められた規定にもとづき、地方レベルで予算を割り当て、総枠予算方式のメカニズムによって顕在化した不均衡を解消することができる。この地方病院局のめざすところは、医療ケアの質を定めたノルムのもとに病院を従わせることにある［Breuil-Genier, Rupprecht, 1999］。医療行為の料金決定（つまり医療診療報酬）に関する 2003 年のさまざまな実験の後、総枠予算方式のシステムはその目的を達しつつある。この新しい財政様式は徐々に公立病院へと適用され、将来的には民間の診療所も従うことになるだろう。しかしながら、このような病院運営の独立採算化は、医療供給を強力に、そして広範囲に（民間も含め）計画化しようとする枠組みのもとで構想されており、それは多額の公的投資のプログラムと結び付いたものにほかならない。

4. 普遍的医療給付制度（2000 年）

医療保障を普遍化しようというジュペ・プランが目標とするところは、ジョスパン政権のもとで 2000 年 1 月 1 日施行された CMU 制度により実現されることになる。この制度は社会的排除や医療アクセスの不平等性という形で、社会保険および社会扶助システム内にあった隙間を埋めようとするものである。「基礎的」と呼ばれる CMU により付加的・付帯的制度が創設され、医療保険に加入できず、かつ県単位の無償医療扶助を享受できない者が、一定の住居基準にしたがって自動的に医療保険の一般制度に包摂されることになる。2002 年時点で 140 万人以上が住居基準でこの制度に加入し、この制度はまた国による医療援助制度 AME によって補完される（第 7 章参照）。CMU は他方で、保障する医療ケア目録を設定し、医療従事者に支払われる料金は、たとえセクター 2 に属する場合であっても限度枠を超えないものと定められている。

さらに同じ制度にもとづき、補足的医療保険に加入できずにいる者を対象として CMU の第 2 の形が創設された。この補足的 CMU は 2002 年末の時点で 450 万人をカバーし、そのうち 70％が基礎的 CMU に加入している。しかしながらいまだに 5％、300 万人のフランス人が取り残され、経済的理由によって

あらゆる補足的医療保障にあずかれないままでいる [Rapport Chadelat, 2003]。

補足的 CMU は患者による料金支払いを免除する形で、その自己負担分、ホスピタルフィー、および歯科・眼科・義手義足等にかかわる追加料金を負担している。受給資格は所得をもとに毎年見直される（2002 年で月額所得上限は 562 ユーロ）。たとえば社会的ミニマム（約 200 万人）のような最低限の生活を強いられている人々は例外である。2002 年末には医療保険金庫の社会福祉活動予算を財源として、「共済保険加入のための援助」制度が創設される。これにより、CMU の定める所得上限を 10 ％以上超えない者については、補足的医療保障を享受できるようになった。

他方で補足的 CMU は、給付を受ける者の希望にしたがい、この種の給付運営に参画している初級医療保険金庫やさまざまな補足的保険組織（共済、生命保険、保険会社）によって保障を受けることもできる。これらの組織に対しては、制度運営のための財源である特別税の免除が行われる [Marié, 2000]。また CMU の受給者は社会保障金庫ではなく、これらの組織を選択するように奨励され、CMU から脱退した場合においても、1 年間は割引料金で補足的保障を受けることができるようになっている。だが上昇傾向にあるとはいえ、全国被用者医療保険金庫 CNAMTS に加入しない者は依然として非常に少数である（2002 年末で 15 ％）。

政治のレベルにおいては、CMU 制度はビスマルク的手法によりベヴァリッジ主義的な目的を達するという、フランス型社会保障の本来の計画を延長することになる。さらに社会保険金庫、そしてより付随的だが共済制度などが、制度の中で中心的な役割を果たすことによって、現存の保険システムは社会連帯という点で強化され、職域連帯と国民連帯との伝統的な関係がより現代的なものへと変貌することになった。

5. 医療保険支出の国家目標（ONDAM）

CMU の導入、そして医療費財源の国による計画化の再来により、フランスにおける最近 30 年間の医療システムの発展は、民営化が勝利したわけでもな

く、また最貧困層にシステムの「照準」を合わせたものでもない。問題になっているのはむしろ、医療自由化への誘惑が失効したということであり［Pierru, 1999］、90 年代の傾向は 80 年代の「大失敗」を修正することにあったということである。結局この領域においては、**混合福祉**の長期的構造の安定化が現実に実行されていないというだけでなく、ある意味において、かつてのシステムが新たなコンテクストではあまりにリベラルに見えたということであり、改革の動向がむしろ社会化、そして国営化へと向かっているということである。

　この点において注意すべきことは、ジュペ・プランが打ち出した政策の中で、さまざまな社会運動や選挙結果の変転にもかかわらず生き残った政策が、医療保険システムの**国営化**に関係するものであったことである。このような変革の特徴的な点は、国と労使代表との関係を、前者にとって有利であるように見直すことである。国民の必要にかない、財政的にも適正とされる医療保険支出を決定する際、国会が介入することによって、国はあらゆる領域において医療供給を調整する手段を獲得しようとする。医療保険支出の国家目標 ONDAM の可決により、国はシステムの調整という点で医療保険金庫に取って代わることをめざし、保険加入協約にもとづく手続きに対して法律が「当然のこととして」適用される。

　だが、可決された ONDAM と実際の支出増大率との乖離が大きくなりつつあることからもわかる通り、行政的調整が実現されるには困難をともなう。支出の年間超過分は 1997 年に 1.8 ポイントに定められたが、ますます上昇する傾向にある（1999 年で 1.6 ポイント、2001 年で 3 ポイント、2002 年でおそらく 3.2 ポイントとなるだろう）［Rapport Coulomb, 2003］。このように増大する乖離により、ONDAM が是非とも必要だという考え方は大きく信用を失うことになった。1997 年の LFSS によれば、外来医療分野における実際の支出が、決められた水準を超える場合、調整により医療行為の単価が下げられ、超過した分の報酬を医師は保険金庫に返還しなければならないとされている。この措置の実現は医師たちの強い反発を引き起こし、最終的には国務院により 2000 年差し止めの判断が下された。この失敗から結論できるのは、医療費支出の増大が相変わらず緩和されないその原因は、労働組合勢力に抗して自らの政策を守

り切れない国の無能ぶりにではなく、むしろ医師組合勢力に対抗することの困難さに求められるべきだということである [Palier, 2002]。

　失敗の原因は同時に、改革が諸アクター間の協調関係に及ぼしたネガティブな影響力にも求められるべきである。実際にフランスでは、国は労使代表やその他の集団的アクターなどとの交渉にほとんど慣れていない。LFSS および ONDAM の可決と施行においては、国は社会保障金庫を運営する労使代表の仲介や支持なしに、直接的に医師団体の圧力に屈してしまったのである。こうして現実のところは、国は医師団体とともにかつては CNAMTS において支配的だった「インフレ連合」を改革することへと導かれるのである。反対に CNAMTS 側においては、フランス産業連盟 MEDEF のパートナーとして、フランス民主主義労働同盟 CFDT がフランス労働総同盟・労働者の力 CGT‐FO に取って代わり、今や医療支出調整を企図することで、経営参加の正当性を求める**労使代表による運営**（パリテタリズム）が新たに推進された [Catrice-Lorey, 1997; Hassenteufel, 1997]。そこから次のような逆説が生まれる。歴代の社会問題担当相は、実際には医療支出抑制を目的とした CNAMTS の提案する改革、実効性を有するには法制化される必要のあった改革を拒絶し、あるいは骨抜きにしたのである [Palier, 2002]。以上のことから明らかになるのは、ジュペ・プランによって中央政府と労使代表との間に新たな権力分割のシステムがもたらされたが、そのシステムは自らの正当性をいまだ模索し続けているということである。

　そのような正当性を獲得するために、ラファラン政権がとった戦略は、「医療的側面を強調しながら」ONDAM に金メッキを再びほどこすことであった。重要なのは、純粋に財政への配慮から生まれたという、この制度の性質を和らげるとともに、より厳密な定義のもとで制度に根拠を付与し、集団の義務として負担すべき医療支出がどのようなものか、より客観的に算定するということである。こうして ONDAM を根底から変革することが可能となり、医師たちにとってはそれが正当なものと映ることになる [Rapport Coulomb, 2003]。しかし次のように問うことができるだろう。果たしてこの戦略は、フランスの政治・社会構造に固有の問題、国と労使代表の権力闘争をどこまで解決することができるだろうか。

6. 医療計画化へ向かって？

　結局、ここ30年間の医療システムおよび医療保険の進化に関して、二重の総括を引き出すことができるだろう。一方において強調しておきたいのは、医療システムの進化は民営化よりむしろ計画化へと向かっているという点である。民営化への圧力はたしかにはたらいており、またそれは特にアメリカ型の民間保険の発展を期待する市場の金融家たちから来るものである。だが、そのような圧力は他の政策が目指す次元とは矛盾し合う関係にあり、その影響力は限定的なものであった。したがって次のように考えることができるだろう。つまり、国は公的支出の「抑制」あるいは削減という展望のもと、「職域間連帯」（保険金庫の複数性というビスマルク的伝統）と国民連帯（最低限の医療ケアを無償かつ「普遍的に」全市民に対して分配する国民的医療システムというベヴァリッジ的伝統）とを結び付ける新たな妥協点を、社会的アクターたちとの間に見いだそうとしているのである。

　このような妥協をはかることは難しいだろう。医療分野においては民間の医師団体が圧倒的な力を有し、その力が根源的に象徴的なものであり、ゆえに独自のものである以上そうである（この力の源泉は個人各自が死の観念と取り結んでいる関係にある）。他方において、医療保障の民営化と非普遍化は、アメリカの経験が証明している通り、人々の健康とも公的財政の健全性とも、あるいはまた医療システムの効率性とも折合いがよくない。結局、医療分野を詳細に検討して明らかになるのは利害の衝突である。社会保護の最近の進化を直線的な発展過程とし、全体として国の撤退、民営化、個人主義化、最貧困層の照準化へと収斂してゆく過程とする解釈を裏切る結果がそこにある。次章で分析することになるが、就業高齢者の所得支援に関する社会政策などを見ると、以上の観点が正しいことがわかるだろう。つまり現在進行中の進化は、分野ごとに実に複雑多岐にわたっているのである。

　同時に、この30年間に構築された新たな医療・保険システムは、国と社会保障を運営する労使代表との権力闘争、決着するどころか現在ますます激しく

なりつつある闘争をも明らかにしている。事実、ONDAM の可決を通して国の意図というものが明確になった。つまり社会保障の自律性を大きく後退させること、そして、後見人あるいは最終的な裁定者という立場に甘んじていた国が、転じて権限を拡大し、自らの意志を一方的に押し付けようとしているということである。

　おそらく中央政府としては、欧州連合の建設にともなって喪失した権限の埋め合わせを、他の領域において見いだそうと試みているのだといえる。

第6章
失業からの保護、
雇用と社会参入のための保護

　就業年齢層（16～65歳）は、なんらかの理由で自身や家族の生活のための正常な所得を失った場合、すべての社会的手当と社会福祉活動サービスの対象となる。このようなものとして、これらの手当やサービスは、諸リスクの間をまたがっているので、通常の分類での特別な「リスク」（保健衛生、老齢、失業など）の一つとしては現れない。しかしながら、これらの全体の見取り図を一つの章の中にまとめるのは興味深い。というのも1970年代以降、「社会参入」と呼ばれる措置や政策の登場とともに、社会保護システムの伝統的境界線が根本的に修正されたからである。これと平行して、「雇用政策」の新しい部門もまた登場し、顕著に発展してきた。さらに「社会扶助と社会福祉活動」と呼ばれる制度的領域（社会扶助を意味する用語である assistance sociale は、1953年以降 aide sociale に置き換えられた）も修正され、職業的参入と関連したその部分が拡充された（社会扶助の、より「伝統的な」措置やサービスは、第7章で扱う）。

　このように、就業年齢層向けの社会的給付やサービスを一括して検討するのは、社会保護システムの「積極化＝就業化」への国際的傾向、つまり1980年代に発展した社会保護と雇用保護との関係が強化されつつあるという国際的傾向を考慮したためである［Barbier, 2002a］。こうした共通の進化にもとづきながらも社会参入という考えを発明することによって、フランスのシステムがオリジナリティを示していることも明らかである。これらを考慮して、われわれは、社会扶助が、社会参入の論理によって、また社会的ミニマムと雇用政策によっ

て、根本的に変容したことを示すであろう。

1. 伝統的な社会扶助から社会参入政策へ

　社会参入政策は、青年や障害者などとともに活動していた人々が生み出したものであり、社会参入の「実践」は、社会参入政策より「以前に」存在していた。ソーシャル・ワーカーたちの中で、運動として誕生した社会参入が公権力により、いわば「制度化され」、ついで社会保護の新しい部門の基準へと変容したのは、第2段階になってからのことである［Eme, 1997］。
　社会参入の本来の実践は次のような考え方を共有していた。つまり、労働という活動が、市民権と社会的統合の根本的次元をなしており、これらは協働的な自発性を通じて構築されるという考え方である。こうした展望の中で導かれる活動は、結局、社会福祉活動部門と、雇用部門、職業訓練部門の間の古い区分を乗り越えてしまった。徐々に、こうした活動は、青年へ、さらには障害者へと向けられるようになり、その後「困難をかかえる」と見なされるような人々や集団の広範な層にまで拡大された。こうしてこのような活動が真の政策となったのである。
　青年についていえば、その社会統合が、主として職業訓練と生産システムの要請との間の適合という観点から考えられていた時代においては、社会参入は、学校から職場への彼等の移行の条件を改善することを目的としていた。そのうえ、特別な政策が、監督教育と特別予防という措置で実施されていた。これらの制度を「通常の環境」へと開放することが重要だったのである。より一般的にいうと、1980年代には、青年の職業資格形成と社会参入が「国民的義務」となった。1982年のシュワルツ報告に続いて、青年の就業のための特別サービスが実施された（市町村における「地方担当部」および「就業と指導窓口」）。同時に、「公益のための雇用」が創出され、その最初の具体化は地方のイニシアチブによってなされたが、1984年には、公共的有用労働TUCが制度化された。
　障害者については、1975年6月に成立した障害者基本法（2004年において

修正中)の第56条が、すべての領域での障害者の統合を「国民的義務」と規定している。1987年7月には、20人以上の事業所において障害者雇用を義務づける別の法律がこうした方向づけを具体化することになった。さらに、社会扶助の受給者を一時的に受け入れることを目的とした、宿泊・社会再参入センター CHRS において、「職業生活への」適応のための作業場が設置された。

社会参入という概念の多義性

　社会参入という同一の用語がさまざまな形で理解され、さまざまなイニシアチブをカバーしているといえる。長期にわたる大量失業のための制度であった社会参入という問題設定が、失業者、職業資格が乏しい労働者、最低所得受給者など「困難を抱えた諸集団」に向けた措置へとさらに拡張されたというのもうなずける。こうして次の三つの重要な要素が結合し、ソーシャル・ワークの伝統と社会参入の革新的なイニシアチブとを根本的に修正した。すなわち、第1の要素は、「新しい貧困」ついで「脆弱性 précarité」と呼ばれた1980年代の貧困、第2の要素は、失業および労働市場の選別性の拡大、第3の要素は、長期および超長期の失業である。これらのすべての要素が、「種別的」雇用政策の登場において決定的な役割を演じ、この種別的政策は、競争的ディスインフレ政策への移行によって、ますます顕著になった。

　社会参入は初めから論争の的である。とりわけ雇用もしくは「エンプロイヤビリティ」に関する社会参入の限界を、多くの研究が指摘してきた［Paugam, 1991］。さらに賃労働関係の悪化も社会参入と関連しているといわれる。別の研究はソーシャル・ワークと社会福祉活動の種別性の喪失を問題視してきた。さらに別の研究は、普遍的かつ無条件の最低所得の設定による社会権の構築を主張している［Caille, 1994］。社会参入が歴史的後退と考えられたとしても、それでもやはり、労働の義務化という懲罰的方向づけ――「ワークフェア」（労働の義務的活動と引き替えでの補助の支給）という名称のもとでアメリカで発明され、イギリスへと複製された政策――へのオルタナティヴを社会参入がはっきりと示していることにかわりはない［Barbier, 2002b, Morel, 2000］。

　こうして社会参入の実践および政策は、1970年代末以降、徐々に正統性を

獲得してきたが、この正統性はまだ脆弱なままにとどまっている。曖昧さがないわけではないが、「排除」（フランスで発明され、欧州で大成功を収めた概念である）という表現のもとで再定式化されている一連の社会問題への回答を与えようとしている点で、社会参入政策は社会保護についての一つのイノベーションである。

2. 社会的ミニマム

社会的ミニマムがもう一つのフランス的オリジナリティを構成しているのは、最低限所得としてではなく、むしろ、別の社会的給付との結合によって、またその多様性によってである。こうした多様性は、単純化と経済性追求という財務省のかけ声のもとで、たえず問題視されている。フランスの社会的保護は、ここでは明確に、すべての貧困者のための単一給付 Income Support という英国流の論理と対立しており、われわれは、最低限所得の複数の「世代」を区別することができる。それぞれの最低限所得が、特別な正当化に対応しているのみならず、第2章で区別された期間に合った段階に対応している。

これらの給付すべては逓減的であり（これは、最低限所得に達するまで、既存の所得を補完する）、国庫負担されるが、家族手当金庫 CAF や商工業雇用協会 ASSEDIC により支給される。これらの給付は、貧困だけに焦点を絞ったものではない。このことは社会的ミニマムの最後の世代の象徴である社会参入最低限所得 RMI についても同様である。第1世代は、社会扶助の古典的目的に対応するものであった（表15および第7章）。第2世代に相当するものは成人障害者手当 AAH（1975年に導入）やひとり親手当（API、1976年に導入）である。第3世代にあたるものは失業補助手当や RMI である。

成人障害者手当 AAH とひとり親手当 API、第2世代の社会的ミニマム

第2および第3の世代の社会的ミニマムの特徴は、多かれ少なかれ人々の職業活動の維持および職業活動への参加や復帰の促進に重点がおかれていることである。しかしその起源は受給者の「積極化＝就業化」の論理にあるのではな

表15 フランスにおける社会的ミニマム

略 称	名 称	最大月額 euro（2003年5月）	受給者（2001）
AI	社会参入手当	282.30	36,900
寡婦（寡夫）vouvage	寡婦（寡夫）手当	510.78	19,000
障害補足	障害補足手当	340.40	105,000
API	ひとり親手当	521.52／695.3	160,700
ASS	特別連帯手当	406.80	391,000
AAH	成人障害者手当	577.92	710,800
ASV	老齢補足手当	340.43	670,000
RNI	社会参入最低限所得	411.70	938,459
全 体			3,031,859

資料：DREES, Etudes st resultas, no.209, 2002：ちなみに2003年5月時点では，最低資金SMICは914ユーロ。

い。このことは、AAHとAPIにとって明確であり、これらは、フランスの社会保護システムがまだ拡大途上にあった時期に、また新しいカテゴリーの保護を追加することが重要である時期に創出された。

　AAHは、その労働能力が顕著に減退している人々のための連帯給付である。社会的ミニマムのリストの中で、AAHは、障害保険年金にかかわる非常に古い「障害者最低保障給付」と共存しており、後者はきわめて少数の人にしか該当しない（AAHについて70万人以上に対して、10万人）。AAHはといえば、雇用を見いだすことができないと考えられる人々に給付される。その受給者数は、当初は急速に増加し、1980年代には安定化した。10年前からは、この数字は3分の1ほど増加し、こうした増加は、いくつかの研究によれば、経済状況と関連しているという。

　しかしながらイギリスやオランダとは異なり、フランスは、失業給付への代替として障害者補助システムを大々的に活用することはなかった（このことは、部分的には、これらの国よりも高いフランスの失業率を説明している）。不十分な推定ではあるが、障害給付を受けている障害者の就業率に関しては、フランスでは、他の国よりも高いと考えることができる（およそ30％）。諸手当は、実際、次のような職業参入措置と結合されている。すなわち、企業や行政機関での一定割合の障害者の雇用義務であり、また保護労働事業所の存在（とりわ

け障害者のための労働支援センター CAT ）がそれである。それほど重度でない障害者にとっては、給付は、それほど過大でない就業と結合することができる（たとえば補助契約もしくはパートタイムで）。

　男女のひとり親に対するひとり親手当 API は、所得の低い幼児の母親（寡婦、離婚など）が、その98％を受給している。1976年に家族手当の中に導入されたこの最低限所得の論理は、当初から、当時の英国の給付とはきわめて対照的であった。英国のそれは、ひとり親の貧困を防止する手段と考えられていた。英国では、その子供が16歳に達するまで、母親のみが対象となっていたのに対し、API は当初から、暫定的な給付として考えられていた（子供が3歳以上の場合は、1年間を上限に、またその後、一番小さな子供が3歳に達するまで、とされた）。現在、受給者の40％以上が、1年未満の API にかかわっている。

　明らかに、いわゆるひとり親家庭の増加に従って、この給付は増えている。こうした家族の割合は、第3章で見たように、フランスでは欧州の平均に位置している。高いとはいえ、ひとり親家庭と、その他の家庭との間での貧困率の格差は英国よりは低いのである。このことは、次の事実によって示すことができる。つまり、受給者（2001年で16万人）の中で少数派（40％未満）なのは、（しばしば求職中であるとはいえ）就業者なのである。さらに、1999年以降、働いている API 受給者に対して9カ月間その給付を維持することを可能とさせるよう、いわゆる「利益付け」措置が追加された（しかしながら受給者の5％のみがこれを利用しているだけである）。

3. 社会参入最低限所得 RMI

　特別連帯手当 ASS と社会参入手当 AI（第7章参照）制定の4年後、1988年に導入された社会参入最低限所得 RMI は、競争的ディスインフレ政策の時期に制定された社会的ミニマムの典型である。特別な理由（隔離状態、失業、障害、老齢、労働不能）のために支給されるその他の最低所得保障とは逆に、これは、結局のところ、その所得が特定の基準以下であるような人々のための普遍的給付である。

「新しい貧困」が、労働および雇用に関する社会的保護の失敗を暴露した時代において、RMI は、特別な資格によって正当化される給付システムの中での、ただ一つのベヴァリッジ主義的な給付である。しかしながら失業の増加のために、すぐに RMI は保険や ASS と並んで、第 3 の失業給付として役立つことになった [Outin, 1999]。こうして、RMI は 2003 年に導入された改革に至るまで、ドイツと同様に 3 階建てシステムの一部であった。しかしながらドイツの市町村による社会扶助とは異なり、RMI は普遍的で、均一的な目的をもった全国的給付である。2004 年に予定されているその分権化によってもこの事実を変えることはないであろう。さらに、RMI の発効後は、県が法律上、受給者のための社会的、職業的参入活動を実施するようになった。これに対し受給者の方は「社会参入契約」に署名しなければならない（実際のところは、受給者の半分ほどはこれに署名してはいない）。こうした活動は、保健医療のためのケアや、心理療法的、市民的付随措置、また労働や職業訓練活動を含んでいる（後述）。さらに RMI の受給者（およびその有資格者）は、雇用政策措置へのアクセスに関して、優先されるべき人たちと見なされている。

1988 年の法律以降、給付のこうした「条件つき」的性格について議論が繰り返されてきた。一方では、アングロ・サクソン流に、労働や労働に相当する活動という「代償」を受給者に要求したがる人々がいる。他方には、しばしば「市民権」と形容される所得の無条件性を主張する人々がいる。立法者の 1 人は、RMI の法案の困難を記述する際に、その精神をうまく要約している。彼によれば、RMI は次の二つの暴力を回避させるに違いない。すなわち、不当な要請を受給者に課すという暴力と、単純な生存給付によって受給者を見捨てる、という暴力である [Belorgey, 1996]。RMI はあまり罰則に頼らないので、（代償が厳格に要請され、監視される）イギリスの給付よりもむしろデンマーク的な給付を想起させる。しかしデンマークの給付とは異なり、RMI はまだなおきわめて低いレベルの給付にとどまっている。

慎ましい規模の連帯支出

このように、失業者や貧困者に対してなんらかの仕事を受け入れさせること

を目的とする措置とは逆に、RMI は連帯的で市民的な伝統に属する。しかしこれは、完全な実現には至っておらず、わずかの給付しか与えられていない受給者に対しても（最低所得の面で）、その職業的活動がしばしばその正当な社会的価値を認められていないようなソーシャル・ワーカーや NPO に対しても（社会参入の面で）、不利益を与えている。さらに、就労年齢層にある社会的ミニマムの受給者総数が 300 万人（海外県の 30 万人を算入せずに）ほどに達するような時代にあって、連帯というフランス流のレトリックは不十分であろう。

RMI の不十分さは次の事実と関連づけられるべきである。すなわち議員の中でもっとも保守的な人々がたえず、RMI の中に、怠惰と不正の奨励を見ているという事実である（これは、イギリス的伝統においてありふれたテーマではあるが、フランスの右翼においてもまたつねに存在している）。こうした懲罰的論理が、2000 年ごろにおける議論において噴出してきた。ラファラン政権は、2004 年初頭には、RMI の追加的バージョン、いわゆる就業最低限所得 RMA を実施するまでになっている（働くように促す「就業最低限所得」RMA は、RMI のもっとも古い受給者を対象としている）。雇用創出がきわめて低い時代において、こうしたイニシアチブが、もっとも保守的な右派勢力を満足させることを目的とした、主としてレトリック的な機能を超えるものになれるかどうかは不明である。

さらに、その導入時に定式化された仮説を超えて、RMI は多元的な機能をもった給付となっていることも付け加えておかなければならない。その受給者の 30％以上は、1 年未満の期間しか受給していない。就労への待機中の給付としてこれを活用しているのが失業者、とりわけ若い高資格者の一部である。他方で、3 年以上これを受給している人の 20％は平均年齢以上であり、事実上、この給付の中に「閉じ込められている」と考えることができる。流行のスローガンとは逆に、すべての者にとって労働がアクセス可能であると同時に、「利益ある」ようにさせることができないために、ここでは労働市場のはたらきが疑問視されるのである。RMI の受給者数の進展が示しているように（2003 年の受給者数は、海外県を含めて 100 万人強）、労働市場が活況を呈し

たときには減少したものの、2002〜03年の経済転換とともに、上昇し始めた。多くの欧州諸国において、最低所得を受給している人々の多くは（統計的にあまり知られていないが）、良質の雇用に参入することがきわめて困難である。そのうえ、1980年代以降、雇用のいっそうの分断化がきわめて顕著である。

結局RMIはフランスの社会的保護の混成的特徴をうまく説明している。つまり貧困が一時的な失業状態による場合は、RMIは普遍的給付であるが、それはまた雇用から永続的に隔絶されている人々にとっては、生命維持装置ともなっているのである。

4. 失業補償手当

フランスでは失業保険は1958年に制定されたが、これは他の欧州各国にかなり遅れてのことであった（イギリス1911年、ドイツ1927年、スウェーデン1934年）。国際比較によれば、全国商工業雇用協会職際連合会UNEDICもまた「異例である」。というのもこの協会は狭義での社会保障システムの「外側に」位置しているからである。それと対応して、この協会は、同数の労使代表による運営が最高水準の自立性を確保しているような制度として、フランスの社会保護システムの中で特別な位置を占めている。この事実のためにこの協会は、とりわけ、雇用主側（主としてフランス全国経営者評議会CNPF、現フランス産業連盟MEDEF）と、改良主義的労働組合（歴史的には当初「労働者の力」FO、1992年以降フランス民主主義労働同盟CFDT）との間で締結される管理的妥協の場である。しかしながら、国も、失業保障システムとまったく無縁なわけではない。というのも、一方では、国は、過去から引き継ぎ、その後保険と結合されている扶助制度（所得条件のもとでの公的支援）を管理しているからであり、他方では、UNEDICでなされる合意の義務的適用は、労働省の省令を通じてなされるからである。

こうした特殊な組織にもかかわらず、フランスの失業保険は、古典的なビスマルク的措置であり、保険料支払いにより獲得される権利に応じて、所得に比例した給付（上限額と最低額がある）を支給する。さらに、社会保障のさまざ

まな部門と同様、商工業雇用協会 ASSEDIC が社会基金を管理し、こうして保険と連帯を混在させている。失業リスクの体系的カバーが真の意味で制度化されたのは、とりわけ全国雇用局 ANPE を設置した1967年のオルドナンス*によってである［Daniel et Tuchszirer, 1999］。われわれの関心事である、ここ30年間の、失業補償の歴史は、明らかに、増大する構造的失業の展開と関連した財政問題によって、明確に区切られる。

当初、一過性と考えられていた失業

　1974年には、失業はまだなお一過性の現象として考えられていた。待機特別手当 ASA の同年の導入がこのことをよく示しており、これは、経済的な理由で解雇された労働者に対してその税込み報酬の90％を給付することを規定していた。しかし1976年以降、失業者は100万人という象徴的な水準を超え、1983年には200万人に達した。したがって、1984年に、フランス労働総同盟 CGT とフランス民主主義労働同盟 CFDT の共同した抵抗にもかかわらず、経営側の圧力のもとで、抜本的な改革が行われたことも驚くに値しないであろう。この改革が、2004年においてもまだなお存続している失業補償給付システムの構造を規定することになる。つまりそれは、その過去の拠出により十分な権利を獲得した被保険者の基礎的給付と、特別連帯手当 ASS（国庫により費用負担され、自らの権利を費消した失業者に対する最低限所得である）とを区別する。そのうえ、第2の最低限所得である社会参入手当 AI が導入された。AI はとりわけ、十分に保険料を拠出しなかった26歳未満の青年を対象としている。1992年には AI は副次的になり、こうした青年は手当受給権から排除されることになった。

　1980年代にはまた、失業者のより急速で積極的な職業的参入を促すことを目的とする措置が登場した。1986年に制定された、解雇された労働者への付随措置である職業転換協定 CC が、その最初の例であり、同じ年に導入された、一定期間、その手当の一部と賃金を重複受給できるという措置（いわゆる「就業削減」メカニズム）も同様の例であった。1988年に導入された再就職訓練手当 AFR は、国と失業保険により共同負担され、失業者に対して、その給付

を延長しつつ職業訓練することを可能とさせる措置であり、これも、この種の措置を象徴している。それはまた、ピエール・ベレゴボワ社会党政権の労働大臣マルチヌ・オブリが、求職の管理条件と職業紹介所登録者リストの管理条件を厳格にする一方、「長期失業者90万人」（1992年末以降、長期失業現象を根絶することを目的とした）計画を始めた時期であった。しかしながらこの時期には、つねに90万人の長期失業者が存在し（長期登録者の削除を急速に増やしたにもかかわらず）、2003年6月でも70万人いる。

補償手当の減少と慢性的失業

経済がほぼゼロ成長で、失業が再び増大しつつあった1992年には、CFDTが、CNPFとの間で、給付の逓減性を導入する新しいUNEDIC協定に調印することを受け入れた。失業する以前の2年間に14カ月以上保険金を納めていた50歳未満の労働者については、失業手当満額の受給期間は、9カ月に削減され、新しい一律逓減手当AUDの受給期間は21カ月へと削減された（6カ月しか保険金を納めなかった者についてはそれぞれ4カ月と11カ月）。結局AUDについて、基礎給付率は標準報酬の57％に決められた。

1993年には、失業者は300万人の大台に達した。1992年の改革はさしたる抵抗もなく通過し、1990年代において、失業者の補償条件の大きな低下をもたらし、人々の間での不平等の増加——何らの手当受給権ももたない人々の割合の増加によって顕著に示される——をもたらした。つまり、失業者全体に対する、失業補償手当（特別連帯手当ASSおよびAUD）受給者の比率は、1991年の62％から1998年の52％にまで下落した。このことはとりわけ、青年や低所得層に関連している［Daniel et Tuchszirer, 1999］。そのうえ、AUDに対するASSの相対的な購買力が減少しているにもかかわらず、相対的にもっとも多く増加しているのはASSによる保障である。こうした悪化が、1997年冬の失業者の運動にかつてない動員をもたらした。

＊（訳者注）行政命令のうち、国会から授権されて行うものを指す。

PARE の長い対立（2001〜02年）

　こうした傾向が逆転するのは、経済成長の回復後の、2000年まで待たねばならなかった。経済成長が労働市場でのブームを引き起こし、いわゆる雇用復帰支援計画 PARE と呼ばれる改革が行われた。これは非逓減的な新しい手当である雇用復帰支援手当 ARE を制定した。失業補償手当（ASS と AUD）を受給している失業者の割合は、2002年末には、その1991年の水準である62％にまで回復し、ASS の受給者の割合は10％以下にまで低下した。しかしながら2001〜02年以降、労働市場は再び悪化し、2002年12月には、労使代表は、再び、失業補償手当の条件を低下させた。PARE の原則も、標準報酬に対する給付率（57％）も変更せず、補償手当給付期間が顕著に減少した。すなわちそれ以降、50歳未満の失業者についてはもはや二つの期間しかない。つまり、失業する以前の22カ月間において、6カ月間しか保険金を納めなかった者については7カ月間であり、2年間において14カ月間保険金を納めた者については、23カ月間である。他方で、政府は、ASS の受給期間を制限する計画を表明した。そのもっとも古くからの受給者を RMI へと移行させることを想定してのことである。

　失業リスクの保障の質におけるこうした動揺は、労働市場の状況に緊密に依存している。しかし失業補償手当の形態は、社会保護システムの他の領域と同様、ここでもまた、国家に対する労使代表の意思決定の自立性および労使代表のコンフリクトに満ちた関係にも依存する。1992年の改革とは逆に、2000〜01年における PARE の改革および UNEDIC 協定の最終的導入を支配していたコンフリクトは、その好例である。世論に広く訴えることで、このコンフリクトは、複数の対立軸を明らかにした。すなわち、国家と労使代表との間でのコンフリクトについては、社会党政権は、自らが適当でないと判断した協定案の認可を拒否し、労働組合の間では、CFDT やその他の組合（管理職総同盟 CGC とキリスト教労働者同盟 CFTC）と CGT と FO（この二つは経営者に対して厳しく対立した）とが対立した。最後に労使代表間での対立があった。これらの多様な対立の結果、主たる論争点の一つである、失業者への求職義務づけの法的強化（MEDEF により要求されていた）は拒絶され、労働法典は根本

的には不変であった。逆に、ヨーロッパの多くの国と同様に、職業訓練や総合評価などをともなう「積極的失業補償手当」の「新しい論理」が明確に選好された［Barbier, 2002a］。

5. 雇用および労働と、社会保護とのさらなる関係強化

　30年前にケインズ主義が全盛の時代に、単数形で雇用政策と呼ばれていたものとは異なり、本章のこれまでの説明は、複数形で「雇用政策」と呼ばれる領域の分析の一端を示している［Barbier, 1997, DARES, 2003も参照］。われわれは、二つの根本的な理由のために、社会保護の中にこれらの雇用政策を含めている。最初の理由は理論的なものである。つまり広義での社会保護から雇用政策を分離するならば重大な誤りを犯すことになるからである。われわれは市民に対して十分な雇用創出条件を提供する責任（最終的には国家にかかわる）を社会保護が担っていると考える。第2の理由は、「雇用」と「社会保護」との間での区分が経験的にますます曖昧になってきたという事実による。つまり失業保険は多くの国において、雇用保険へと変わってきている。早期退職が労働市場の管理手法となり、逆に、年金改革（1993年、2003年）が雇用を再編することをねらいとするようになっている。最後に、介護リスクのような社会的保護の新しい部門の発展が、新しい雇用形態の発展として知られるようになっている（第7章参照）。こうした変容は、根本的に、労働のフレキシブル化の動向（その枠組みを労働市場のいわゆる「構造的」改革が創出している）と関連している［Barbier et Nadel, 2000］。それが国家の活動の基本方針であり、それはグローバル化という社会情勢においても、また（1997年以降「欧州雇用戦略SEE」という名称でEUレベルで制定された）雇用政策協調においても、そうなのである。

　ケインズ主義的基準が消失するにしたがって、雇用政策は四つの下位領域へと展開されている。すなわち（1）われわれが見てきた失業補償手当、（2）失業者や労働市場から「排除された人々」を就業させ、訓練することを目的とした社会参入措置、（3）労働市場のいわゆる「構造」改革、（4）高齢労働者の労

表16　失業と雇用，雇用政策（1973～2002年）（単位：1000人）

		1973	1996	増減96−73	2002	増減 2002/1996
1	雇用全体（2+3）	21,122	22,287	+1,165	24,563	+2,276
2	うち：補助金支給	2	1,962	+1,960	1857	−103
3	うち：その他	21,119	20,325	−794	22,706	+2,381

働市場からの退出を可能とさせる措置、である。表16は、労働市場の状況がもっとも悪い時期における、就業状態別人口の数を示している。全体として、措置全体の受給者と失業者は1996年において、潜在的経済活動人口の22％を占め、2002年においては18％を占めている（1972年には3％でしかなかった）。1990年代末には、また2000年初頭には、良好な経済状態にもかかわらず、雇用政策はその役割をフルに発揮し続けたのである［DARES, 2003］。

雇用への参入措置

さまざまな措置（契約もしくは助成）を包括的に研究するにはうんざりするほどの労力を要するであろう。そのためにこれらを図式的に二つの主要なカテゴリーに分類することが有益である。

（1）「積極的差別是正措置（アファーマティブ・アクション）」の論理にもとづいて、雇用から隔離された人々の雇用を促進するための契約。

その典型は、非市場的部門における「連帯雇用契約CES」である。これは1980年代末以降、年間30～50万人のパートタイムにかかわり、ジョスパン政権は、その青年雇用バージョンを新たにつくった。民間企業においても、助成された多くの契約が同様に実施され、「雇用イニシアチブ契約CIE」——2003年にはこれは青年向けバージョンとなった（「企業における青年契約CJEP」）——が、その典型をなしている。

（2）青年の雇用及び職業訓練、もしくはパートタイムの発展を促進するための助成された契約。

前者に特徴的なのは、見習いおよび資格取得契約であり、一部補助金を支給されている。後者のタイプは1992年に導入され、現在、消滅しつつある。こ

れは、パートタイムの地位にある人に対して、保険料を減額する権利を与える契約である。これは、パートタイム雇用形態の顕著な拡大をもたらした。すなわちそれは2002年において、労働者総数のおよそ12％から16％以上の割合を占めている。こうした措置は、労働市場をよりフレキシブルにし、また低い質で、特定の人にとってはきわめて脆弱な雇用を創出した。このことは社会保護の不平等をもたらし、あるいは高めた。しばしば、「家事雇用」や「サービス・クーポン」といった多様な措置を通じて、雇用の創出が社会福祉活動の領域においてさえ、促進されてきた。こうして雇用政策と社会参入政策とが、同時に、大量失業時代において連帯の役割を果たすことができたが、しかし雇用への参入条件はしばしば脆弱であった。幾人かの社会学者によれば、雇用関係全体が、脆弱性［Paugam, 2000］やフレキシビリティによって蝕まれている。しかし、こうした評価は議論の余地がある。というのも、安定した雇用も持続的に存在するからである［Auer et Cazes, 2003］。雇用の不安定性の不利益が特定のグループに集中しており、常用雇用の不安定化というよりも、リスクにさらされる機会の不平等性が問題なのである。

労働市場の構造改革

　パートタイム労働の発展によって、標準報酬月額が再び問題となったが、最低賃金規則は維持されたままであった。新しい労働契約は、期限に定めのない契約CDI規準への例外として導入されたが、CDIは超支配的規準（雇用の約90％）であり続けた。解雇に関する法制は、政権に応じて柔軟化されたり、厳格化されたりした。しかしとりわけ、雇用政策におけるもっとも大きな転換は社会保険料の減額に関してであった。現在、社会保障において、承認された減額の多くの部分（約150億ユーロ）を国が肩代わりしている。こうして国は上述のような多様な措置を実施するために多くを支出している。労働時間短縮そのものが保険料の減額と密接に関連している。2002年に法律が、法定労働時間のこうした削減の拡大を疑問視したにもかかわらず、保険料減額が続いている［Dayan, 2002］。全体として、今日、保険料の免除もしくは減額の上限は相対的に高く、あれこれの資格で保険料の減額に該当する労働者の割合は、約

67％であり、これはかなりの数である。

退職措置

　雇用に対する重要な介入の最後のタイプは、就業年齢層にある青年と、失業者、もしくは高齢労働者を、経済活動人口から退出させることを目的としている。青年については、就学期間の延長が特定の家族給付とともに、利用されてきた（第7章を参照）。50歳代の労働者については、1980年代にさまざまな措置が導入された。すなわち、57歳（さらには55歳）以上の失業者に対する求職活動の免除（これはASSの受給者の90％に該当）。国民雇用基金FNEの資金による、特に人員整理を契機とした早期退職年金、である。これらの措置は、1980年代のリストラクチャリングの時期において、労働市場からの膨大な退出をもたらした。その後の量的な減少にもかかわらず、これらの措置は、つねに重要なままである。つまり、2000年末時点で、失業補償を受ける35万人の失業者が、求職を免除され、さらにその他に14万人が早期退職年金の受給者であった。フランスはこうした措置に依拠する唯一の国ではないが、フランスはEUの中でも、55歳以上の者について、もっとも低い雇用率の国の一つである（2000年において、55～64歳層で37％）[Guillemard, 2003]。

　これまで見てきたように、失業者や労働者を法定退職年齢以前に退職へと向かわせることは、勤続年数を削減し、したがって、年金制度の財政問題を増大させることになる。こうして1990年代後半において、われわれは、欧州雇用戦略SEEにより主導される方向転換に直面することになった（そのもっとも重要な目的の一つは、就労年数の拡大である）。2003年の年金改革が示しているように、上記の措置に頼ることは将来的には再び問題とされるにちがいない。

フランス流の積極化＝就業化

　社会参入や社会的ミニマム、社会保障事業者負担の軽減、雇用政策、これらが、フランスにおける社会保護および社会福祉活動の根本的な刷新の形態である。しかし他の国々（英国やスカンジナビア諸国）において起こったこととは

逆に、これらの改革は、全体的な見通しなしに行われた。それはケースバイケースであり、試行錯誤であり、政策の部門的構想と基準の修正によって達成された。しかしながら 2003 年時点で回顧するに、改革以降、フランス流のある形の積極化＝就業化がもたらされた。これは、（最終的な雇用主としての機能が国家にあることを認める）連帯と市民権という側面を、労働市場の自由主義的改革という側面と混在させているのである［Barbier, 2002a］。フランス流の社会保護のハイブリッドな地位が、ここでも依然として顕著なのである。

第7章
社会扶助と家族、連帯

　労働に関連した社会保護に続いて、社会保険という領域や労働市場への参入という領域からはみ出るような社会保護を検討しなければならない。こうした社会保護は、主として、一方で社会扶助および社会福祉活動（社会参入を除く）と、他方で家族政策を含んでいる。

1. 社会扶助と社会福祉活動

　「社会福祉活動」が、その支給がフレキシブルで、任意であるような措置と給付に限られるという特徴をもつのに対して、「社会扶助」は、それを公共自治体に義務づける法律によって規定されており、「支援的」保護（したがって、前章で説明した社会参入最低限所得 RMI と強く関連している）と、厳密な意味で、つねに対応している。しかしこれらの二つの間での区別は相対的である。というのも双方とも、同一カテゴリーの人々と、類似した措置とにかかわっているからである［Alfandari, 1987］。
　社会扶助・社会福祉活動の領域は、中央政府や市町村や社会保障金庫がそれに資金拠出するとしても、県が権限をもつ領域である。この領域は伝統的に、扶助を必要とする四つのカテゴリーの人々に応じて区分される。すなわち病人、高齢者、子供、障害者である。これに第5のカテゴリーを加えなければならない。それは、1976年の宿泊施設（宿泊・社会再参入センター CHRS、第6章参照）の開設時に、「社会的不適応者」と呼ばれていた人々である（ホームレスの人々、危険にさらされている人々、さらには、刑務所出所者など）。

地方分権の法整備（1982〜85年）とともに、国は社会扶助の限られた領域のみを管轄することになった。すなわち一方では、障害者のための労働援助センター CAT と CHRS の費用負担であり、他方では、一つの県に帰属することができない不定住者とホームレスのための周縁的な医療支援である。しかしながら 1992 年における救護所という概念の廃止以降、またとりわけ 2000 年における普遍的医療保障 CMU（第 5 章参照）の設立とともに、国はもはや、CMU の受給を可能とする居住基準を満たさないような人々、つまり、主として亡命者や不法滞在者（2002 年末で 14 万 5000 人）の費用負担を、国による医療援助制度 AME によって行うだけである。

　市町村は、県から社会扶助の権限を委譲され、任意の社会福祉活動にかかわる活動を行う。しかしながらこれに対応する支出については、統計的にはあまり知られていない。それはしばしば、自治体社会福祉活動センター CCAS を通じて運営されている、上記の諸カテゴリーの人々のための活動である。このセンターは、とりわけ高齢者への支援にとって、重要な役割を演じている。

個別自律手当 APA（2002 年）

　全般的権限を確保している県は、とりわけ、社会扶助を認定された高齢者の、施設宿泊費用を負担する（場合によっては払い戻しもある）。本章が分析対象としている期間においては、すでに検討した（医療扶助の領域を顕著に縮小した）CMU の制定のほかに、2002 年 1 月 1 日の（ジョスパン社会党政権による）個別自律手当 APA の制定が、県の社会扶助の領域における主要な変化である。高齢者介護の財政的困難の増大に対処することを目的とするこの普遍的給付の第 1 の実施責任者である県は、また最近の目玉をなすこの改革の主たる出資者でもある。APA の他の共同出資者は国と社会保障金庫だけである。

　APA は二つの給付を代替することになった。すなわち 1975 年に設定された要介護者のための補償手当と 1997 年に制定された介護特別給付 PSD である [Join-Lambert et al., 1997]。以前の状況は、県によって大きな格差を示していたが、新しい給付は受給者の所得に応じて修正されるものの普遍的である。また、在宅介護にも、老人ホームでの滞在にも適用される。その直接的成功がきわめて

顕著であったために、対応する財源を予測されたレベルでは確保することができなかった（2002年12月の受給者数は60万人以上で、PSDの受給者数と比較して3倍以上となっている）。APAの実施はさらに、脆弱な労働条件におかれている在宅家事援助サービスを見直す機会となった。2002年におけるその水準の低下にもかかわらず、APAの永続性と普遍的性格は、2004年時点でも脅かされているようには見えない（とりわけ2003年夏の酷暑と関連した保健衛生的危機の後ではそうである）。

　ドイツとは逆に、フランスは、おそらく暫定的に、高齢者の「要介護」リスク向けの社会保障の特別部門の創設を退けた。フランスはそれでも、たとえばデンマークで存在する普遍的で、非常に寛大な負担に比べるならばきわめて不十分ではあるが、重度要介護者の在宅援助の必要や、施設滞在の必要をカバーすることができるような手当をつくった。このことは、「福祉国家にとっての窮乏」の時期において、明らかな進歩を示している。これはさらに、最初の数年間に、多数の雇用創出をもたらすにちがいないであろう。しかしながらまだなお、それは半歩前進でしかない。というのも、財政面での政治的選択は、需要の高さに見合っていなかったからである。

県の社会扶助

　APAによるPSDの代替の以前では、児童社会扶助ASEが県の社会扶助支出の第1位を占めていた（純支出の40％近く）。この支出は、主として、施設や里親家族での児童の滞在費用や教育活動費用をカバーしていた（この領域は、若者の法的保護の領域でもある）。県が管轄する、別の重要なプログラムの中に、障害者の滞在、宿泊、在宅介護の費用（とりわけ施設での）を付け加えなければならない。さらに県は、家族手当金庫CAFと連携して社会福祉活動サービス（社会的補助、教育補助など）の費用を負担しており、伝統的に、ソーシャル・ワークの重要なアクターである。

　結局、社会扶助と社会福祉活動の状況を大きく変化させた諸改革は、きわめてオリジナルなものであった。すなわちそれは1988年における社会参入最低限所得RMIと関連した参入活動の体系化であり、2000年における普遍的医療

保障 CMU 制度の導入、2002 年における APA の導入なのである。こうした改革は両義的なように思われる。それはベヴァリッジ主義の単なる追随ではなく、CMU が証明しているように、これは、保健医療の全国的システム統合という展望の中に位置づけられてはいない。さらにこうした改革は、既存のシステムの二重化や「自由化」を示しているのではない。つまり APA のベヴァリッジ主義的普遍主義のケースは、貧困者に的を絞った解決策も、北欧的寛大さも拒否している。

2. 家族政策のシステム

フランスの社会保護システムにおいて、家族手当金庫 CAF は、外国ではこれに対応するものがないのだが、「家族政策」(フランス的なオリジナリティ [Barbier, 1990])の主要な担い手である。これは主として、子供のいる家族への「家族手当」の支給のみならず、多様な一連の「家族給付」をともなう。周縁的にはなっているが、出産奨励目的のために給付を行うという考え方は、完全には消滅していない。1940 年代におけるヴィシー政権の下で圧倒的であったこうした考え方は、1970 年代まで持続していた。つまり 70 年代には、多くの給付が第 3 子以降の子供にのみ支給されていた。

家族政策を社会政策の重要な部分とするという考え方が持続していることは、なおもフランスの特徴である [Commaille et al., 2002]。これは、一般的な法的財源を得ている「全国家族協会連合会 UNAF」のように、国家がその正統なパートナーと認めている利益団体の考え方にも当てはまる。しかしながら他の欧州の大国においては、別様に構想されたプログラムが同様の社会目的を追求している。制度的にも、政治的にも、構想の違いは単なるエピソードではない。というのも家族の福利厚生の名目で介入するのか、それとも、イギリスの場合のように、貧困の防止に社会保護を集中するのかによって、結果が異なるからである。

フランスの家族政策システムは中核的アクターである(家族手当金庫 CAF を「統括している」)全国家族手当金庫 CNAF を中心に組織されている。その

第7章 社会扶助と家族、連帯　117

表17　主な家族手当（社会的ミニマムを除く）

	手当	支給条件	月額 euro（2003）	2002受給者数 （1,000人）
家族	家族手当	扶養手当（第2子以降）	110.71（2人の子供）	3,965
	補足手当	3人以上の子供、所得条件あり	144.09	796
	幼児受け入れ手当 （APJE）	出産、幼児、所得制限	158.97	1,227
	特別教育手当	障害をもつ子供、20歳未満	111.26	104
	新学期手当	6～18歳までの就学（所得制限）	249.07	2,695
住居	家族住宅手当	所得条件あり	指標に応じて計算される逓減的手当	1,089
	住宅個別手当	所得条件あり（提携借家の家賃の補助）	同上	2,601
	社会福祉住宅手当	所得条件あり	同上	2,035
児童保育	認可家事支援雇用助成（AFEAM）	在宅で保育される6歳未満の幼児	所得に応じて 66～200	589
	育児親手当APE	3歳未満の幼児、職業活動中断	493.22（上限額）	505

資料：全国家族手当金庫（CNAF）2004年以降、「幼児受け入れ手当PAJE」が四つの給付（APE,APJE,AFEAM,家庭保育手当AGED）に代わった。

　理事たちは、利益代表たち（労使代表や家族組織、専門家など）の無視できない発言機会を代表している。ところで、フランスの家族政策システムは複数の下位集合から構成されている。すなわち、家族手当の他に、住居手当や社会的ミニマム、幼児の受け入れや保育の措置、家族社会扶助がある。本書が検討する期間においては、家族手当金庫CAFによる社会的ミニマム（社会参入最低限所得RMI、ひとり親手当API、成人障害者手当AAH）の導入（前章参照）が、おそらく、この金庫にとって、その財源改革（一般福祉税CSGの創出）とあわせて、もっとも重要なイノベーションである。

　図式的にいえば、家族給付は、以下を含む。

　①その所得にかかわらず、すべての子供の親に対して支給される家族手当（第2子以降であり、これは将来的には消滅するかもしれないフランスの特殊性をなしている）。

　②その目的がむしろ「垂直的な再分配」であるような給付で、一般的に、所得条件をともなう給付（後者は、所得の上限が高いとき、多くの家族に適用することができる。表17参照）。

家族的選択に対する「中立性」？

「家族的選択」に対する「中立性」の合意が徐々に確立されてきたとはいえ、家族政策は、1980年代においては、まだなお出産奨励的な給付の導入を行っていた。つまり1980年に採用された措置や「育児親手当APE」は、1985年におけるその最初のバージョンでは、第3子の出生以降からのみ支給されたのである。1994年に修正されたとはいえ、APEは、母親に対して、失業期間中に、労働市場からの撤退を提案することで、その曖昧な性格を示した。すなわち結局のところ、その受給者の就業率低下という持続的な効果が、その帰結なのである。ここにこそ、フランスの社会保護システムの一つの特徴（その後消滅の途上をたどることになる）が垣間見られる。結局、エスピン＝アンデルセン [Esping Andersen, 1999] が主張していることとは逆に、大陸の隣国（スペインやドイツ、イタリア）とは異なり、フランスのシステムは家族の私的保護には依存しない。単に、フランスのシステムは相対的に寛大な家族政策を含んでいるだけでなく、その家族政策は久しい以前から、女性の職業活動に好意的なプログラムを実施しているのである。

しかしながら、検討している期間において、フランスの家族政策は、「家族主義的特徴」を保持しており、たとえば自分の家族と同居する青年全体に対して、20歳に至るまで（例外的に21歳）家族手当受給可能年齢を延長したことがこれを示している（以前は、就学中の青年のみがこれに該当していた）。この意味でフランスのシステムは、青年の社会的権利の体系的な個人化を拒否してきた。しかしながら、学生への住居手当の比較的寛大な配分のように、例外も存在する（2003年に、その削減計画は放棄された）。こうして、高い高等教育就学率と、家族手当受給可能年齢、低い就業率が相まって、労働市場への若者の参入を遅らせているのである。

普遍的家族手当の幾度かの改革が1990年代に検討されたが、最終的に放棄された（ジュペ・プランの財政措置のように）。同様に、1998年にジョスパン政権が決定した家族手当への所得条件賦課は、束の間のものに終わった。家族協会の抗議を前にして、その普遍的な特徴がその年の末には復活したのであり、政府はもっとも裕福な家族についての課税率にかかる家族係数の条件を厳しく

することで満足したのである。

増大する垂直的再分配

　1970年代以降、全国家族手当金庫CNAFにより分配される給付の、垂直的再分配への方向づけが拡大した。住居手当や社会的ミニマムを除くならば、所得条件付きの給付の割合は20年前から、ほとんど安定したままである（25％）。しかし、この割合は、住居手当や社会的ミニマムを含めると60％にまで上昇する［Join-Lambert et al., 1997］。社会的ミニマムのほかに、所得条件つきの家族給付が導入され、拡大した（住居手当、新学期手当、家族補足手当など）。所得の上限額は、一般的に相対的に高いので、こうした給付は再分配の本質的役割を演じ、多くの家族と子供たちは貧困を回避できた。所得制限のもとで支給される住居手当は、この領域でかなり広範な役割を演じ、その受給者数は1990年以降、急速に増加した（表17）。

　だから、「的を絞った」給付を、別の「普遍的な」給付と厳格に対立させることは、フランスの場合、とりわけ微妙なのだが、通り一遍の分析はこのことを無視してしまう。もっとも貧しい世帯はもっとも多くの子供を抱える世帯であり、また給付額は子供の数に応じて増大するという事実のために、普遍的手当そのものは、事実上、再分配的なのである。フランスのシステムのもう一つの特徴は減税、すなわち課税率にかかる「家族係数」の作用による。これは、給付と総計すると、むしろ給付の再分配性を明らかに緩和する。フランスは、今のところ、イギリスやアメリカ、カナダのようには、家族税額控除の体系化の道をとっていない（雇用のための個人プレミアムの導入は行ったのだが、これはまだ相対的に周辺的なものにとどまっており、またいずれにせよ、アングロ・サクソン流の税額控除とは比較すべくもない）。

幼児の受け入れと保育

　最後に、家族政策システムは幼児の受け入れと保育のための介入を含む（3〜6歳児については、国民教育省に属する保育園によって補完される）。こうした介入は減税や無償サービス、補助金付きのサービス、手当を組み合わせて

行われる。1990年代においてもっとも急速に増加したのが、このような要素の家族政策であった（1990年から2000年までのGDPに占める割合は3倍に増加）。幼児への支援システムは多様化されている。すなわち「認可家事支援雇用助成AFEAMA」や「家庭保育手当AGED」（5万人の受給者であり比較的少数）、「保母サービスへの手当」である。幼児支援システムは、単一の「幼児受け入れ手当」の実施とともに、2003年に改革された。これは2004年には「育児親手当APE」を含むことになる。こうした複雑なシステムには、多くのアクターが関与している（家族手当金庫CAF、市町村議会、両親、企業）。相対的に、このシステムはまだなお多くの欠落点を有し、大きな不平等を含んでいる。たとえばもっとも裕福な階層の中で、5万家族のみしかAGEDの恩恵を受けておらず、託児所数は、とても需要には追いついていない。それでも託児所数は欧州の平均を超えているのである。

男女間での職業的平等

　フランスにおいては夫婦共働きの規範が確立しており、「家族主義」型よりも北欧型により近い。しかしながら、ジェンダーによる格差と差別が、労働市場から消滅したとはいいがたく、北欧型規範よりもいっそう顕著なのである。第3章で見たように、男女間の報酬格差は大きいままである。無資格の職業における女性の比重の多さが、彼女らにとってきわめて不利になっている。職業生活と家族生活との間の両立のための政治的介入は、2人の親をではなく、「母親を支援する」ためとしてしばしば構想される。2002年における11日の父親休暇の権利の導入は、この意味で進歩を示しているが、この措置は、今のところ、限られた成果しかもたらしていない（2002年には、新しく父親になった者の半分がこれを利用したのみであると考えられる）。報酬の持続的な格差は、明らかに、年金や失業補償についてもその影響を及ぼしている。

　ここ数年、法的なイノベーションが増加しているが（企業における平等に関する法律や、社会政策や構造基金プログラムなどにおけるジェンダーの要素の考慮等）、それはこの点に関して本質的なアクターである、欧州連合の指令のきわめて重要な刺激にもとづいている。欧州雇用戦略SEEがその顕著な軌跡

を示している。しかしながら、その効果が短期間で飛躍的に現れるなどと考えるべきではない。

3. 高齢者のための社会的ミニマム

　前章で、われわれは、就業年齢層にかかわる社会的ミニマムの多くについて記述した。網羅的であるためには、老齢年金金庫により支給される、別の二つの社会的ミニマムについても指摘しておかなければならない。きわめて少数の者にしかかかわらない寡婦（夫）手当（表15）は、その配偶者の死亡に際して、最大55歳まで寡婦（夫）に支給される。老齢連帯基金FSVにより支給される老齢者最低所得保障給付については、その老齢年金がきわめて少額である退職者に支給される。保険による補償率の改善および、満額での年金受給権を有する世代の退職のピークの到来により、その受給者数は減少し続けている。老齢者最低所得保障給付を受給する人は、1970年代には250万人以上であったが、今日では、70万人にも満たない。

結　論

　これまでここ30年にわたるフランスの社会保護システムの進化を概観してきたが、この概観から明らかとなった結論とはどのようなものであろうか。なによりもまずわれわれは、いわゆる「栄光の30年」という黄金時代に郷愁を感じる人々がいう極端な悲観主義に陥っているわけではない。こうした人々が口にするのは、「福祉国家（エタ・プロヴィドンス）」の崩壊であり、他国同様フランスにおいて、社会保護のアメリカ的な残余モデルへの収斂をもたらしている、ネオ・リベラリズムの大躍進である。反対に、フランスのシステムが明らかにしたのは、このシステムが周囲のネオ・リベラリズムに対して大きな抵抗力をもっているということであった。いくつかの変容、たとえば医療ないし介護の領域にかかわる変化は、個人であれ集団であれ民間のアクターの動きを弱めて、システムにおける国家の役割およびその影響力が強まりさえしたことを示している。

制度的イノベーションと諸論理の錯綜

　またわれわれは、フランスが自ら改革を行う能力に欠けていると見なしている——右派から左派に至る——人々の主張を認めるわけにもいかない。こうした改革能力の欠落はコーポラティズム的・保守主義的「福祉国家」のグループに固有なものとされている。実際、長々とした略語——一般福祉税CSG、社会参入最低限所得RMI、普遍的医療保障CMU、社会保障会計委員会CCSS、社会保障財政法LFSS、医療保険支出の国家目標ONDAM、拘束力のある医療指標RMO、一律逓減手当AUD、特別連帯手当ASS、連帯雇用契約CES、雇用復帰支援計画PARE、個別自律手当APA、等々——が示しているように、フ

ランスのシステムはその内部に十分な制度的適応能力や革新力を有していることを提示したのであった。このような制度的適応能力や革新力によって、システムのハイブリッドな特徴が強化され、必要な場合には、きわめて重要な部門において社会保護の水準が改善されたのだった。同様に、権力関係における真の革命はこのようなシステムにおいて生み出されたとも主張できるであろう。なぜなら社会保障財政法 LFSS に代表される、国家権力による社会保障の掌握は、システムにおけるアクターたちの関係とその正統性の形態とを根底的に変更するからである。

しかしこうした官邸における革命によって変化したものが再び元の鞘に収まる恐れがある。というのも、創設された新たな制度の調整効果はさほど高いものではなく、またその正統性も揺らぎがちだからである。権力関係はあまり安定したものではなく、また社会保護の運営についての二つの代替的様式――（ベヴァリッジ的な）共和主義と（ビスマルク的な）労使代表による運営(パリタリズム)――の対立は、調整されるどころかむしろ激化している。たとえば、2000年に、雇用復帰支援計画 PARE の改革の中で起こったコンフリクトや、医療保険支出の国家目標 ONDAM をめぐって生じた対立*による全国医療保険金庫 CNAM トップの辞職は、これを証明している。雇用政策、年金にかかわる諸改革は依然として、制度面からの保証がわずかにしかなされておらず、政権交代や、EU の政策形成および社会対立の変化のたびごとに、逆転しうるように思われる。逆に、RMI、CSG、APA、あるいは CMU といった制度の革新は、おそらく出現するであろう新しい制度(レジーム)に組み入れられるべきものであると見なせる。この新しい制度(レジーム)にはベヴァリッジ的側面が古い制度以上に多く含まれているのである。

要するに、統一的傾向を映し出すどころか、諸改革は、各々の部門に固有なやり方で複雑に絡み合った多様な論理にしたがっている。ある改革は、金融市場の命令に従順な、外向性の成長へと経済を誘導するネオ・リベラルな政策が生み出した社会的な問題に対応している。たとえば、失業、雇用形態の転換、不平等の増大、社会的排除、がそれである。別の改革は、「古い体制」における政策や社会制度の成功そのものが引き起こした諸問題に対応したものと見な

すことができよう。たとえば平均寿命の伸び、男女の社会的地位の平等化傾向、家族形態の転換、労働時間の短縮、市場および市民社会の差異化、私生活や公共生活をより民主化したいという強い願望、がそれである。実際これらの成功によって社会契約における主要な3要素——すなわち世代間、男女間、被代表者と代表者との間で取り結ばれる協定——を改訂するための交渉が検討すべき課題となった。最後にもう一つ別の諸改革はさらに、社会政策を構成する政治的資源をめぐる権力の諸戦略、すなわち社会保障を統治すべきは一体全体誰なのか、またどのようにして社会保障は統治されるべきなのか、といった戦略により純粋に結び付いている。

　疑いもなくベヴァリッジ主義がより明確な、新しい混合福祉(ウェルフェア・ミックス)という特徴をもつ体制があちこちで形成されつつあるが、この新しい体制はなおも全体としては不確定なのだ。しかしながら、フランスの社会保護システムにおける将来の転換が次のような3種の要素に依存するであろうと予測することはできる。第1にヨーロッパの経済政策の方向性。第2に、EUが選ぶことになる、まさしく政治的な、とりわけ憲法の諸形態およびEUにおいて社会政策が果たすであろう役割。第3に、さまざまな地域的レベル（ヨーロッパ、国民国家、地方、さらには市町村）で社会的アクターたちが、自らの望む社会保護の形態を提言し交渉する能力、である。

未来はヨーロッパの水準に委ねられている

　以上のようなことからすれば、将来の鍵を握っているのは、おそらく社会諸政策とヨーロッパの政治的組織化との関係であろう。なるほどヨーロッパ構築の動態は今のところ社会的領域における国民的進化に少しばかり間接的に影響を与えているにすぎない。だが、マーストリヒト条約および経済通貨同盟の創設以降、こうした領域は、ヨーロッパの新しい政治的秩序の正統化にとって重要な諸資源を含みもっていることが明白になった［Société contemporaines, 2002］。

＊　（訳者注）前年に成立した、「医療支出の国家目標ONDAM」が診療報酬の事実上の凍結であるとして、医療職団体が賃上げや労働条件の改善などを求めてストやデモを行ったことを指す。PAREの改革については、第6章を参照のこと。

実際、社会諸政策が現行の多様な統治の次元（欧州連合、諸国家、諸地域圏、社会保障の諸機関）の間でますます競争の対象となっていると同時に、これらの次元で調整されるべき領域は広がっている。こうして大陸統合の手順は、社会政策領域において加盟国権限を増加させるような、より奨励的行動へと傾いていった。1994年（ドロール委員会白書）に遠慮がちに開始された、雇用に関する共同体的権限の要求は、1997年の、後に MOC（méthode ouverte de coordination ＝開放的協調）と呼ばれる、調整手続きの実施に結実することとなった [de la Porte et Pochet, 2002]。MOC は、そこで定められる共通目標が数値化されることがまれであることからしても、ユーロへの移行のためにマーストリヒト条約で創設された、「収斂基準」の手続きとは異なるものである。ただし、MOC の共通目標には、雇用率、特により高齢な就労者の雇用率といったものも含まれている。だが MOC は、基本的には、奨励的な手続きにとどまっており、欧州の少額の資金を動員しているにすぎない。こうしたことからすれば MOC には明らかな限界が存在している。しかしその哲学は変わっていない。つまりこれらの目標を達成するための手段を加盟各国に選択させることが重要なのだ。

同様に過小評価してはならないのは、MOC が加盟各国における社会保護システムの進化に間接的に与える効果である。というのも MOC のおかげですでにヨーロッパの諸制度は、雇用や「社会参入」の領野にその影響力を広げることができ、また MOC は、加盟国が専一的権限を有する他の領域（教育）にも拡大する傾向をもっているからである。MOC は共同体的な問題の構築を促し、加盟各国はこの枠組みの中で自らの政策を正統化せざるをえなくなるのである。とりわけ雇用の領域における事例がそうであるように [Barbier et Sylla, 2001]、国民的活動計画の作成はさまざまなアクターたちにとって武器であり争点であるが、同時に国民的活動計画の作成によって諸アクター間に共通言語が普及することになる。そして「社会保障の赤字」や「人口学的時限爆弾」について確認したように、社会の諸転換においては諸表象が中心的な役割を果たしているのである。

欧州委員会の影響力は一義的なものではない

　問題は、諸表象の影響力がどのような方向へ向けられているのかを評価することである。これに関しては、発議権をもち、「ヨーロッパの秘書官役を務めている」、欧州委員会の特権を挙げるのが普通である。その立場は、一様に「ネオ・リベラル」であるとしばしばいわれる。ところが、その立場は全員同じ意見になるどころか、経済的・金融的権限に対する一般方針と、社会的権限に対する方針とでは、まったく意見が分かれてしまう。しかもその立場は時代による変動を被りやすい。ニース条約で添付された、社会的ヨーロッパ行動計画はこうしたことの証左である。この条約では、1990年代のリベラルな共同体論でタブーとされていた、「完全雇用への復帰」、「不平等の縮減」といったテーマが再び姿を現したのであった。欧州委員会においてさえ、また加盟国代表を結集するあまたの決定機関と同様、しかもとりわけ社会保護を扱う決定機関においても、「諸表象のコントロール」のための戦いが激しく行われている。

　われわれからすれば、そのような変動は、そのときまで優勢を誇っていたネオ・リベラルな行動計画と、社会的・地域的不平等を緩和する必要性との間に矛盾があったことを表している。ヨーロッパ構築についての連邦的政治形態という問題がますます公然と生じている情勢の中で、EUにおいて社会的まとまりと領土的ネットワークを確保するには社会的・地域的不平等を緩和しなければならない。したがって、社会的領域における現在の調整とならんで、社会政策分野でのヨーロッパ的 諸 制 度(アンスティチュシオン) がもたらす影響力のあらゆる進歩は、欧州連合の財源の増大しだいになってしまったように思われる。また、この進歩は、財源のわずかばかりの新たな増大（域内GDPの1.27％）を数年にわたって停滞させた、1999年と2000年に行われた諸決定と対立している。なにしろMOCに頼っても、民主主義型の真のヨーロッパ政府の欠如を補えないし、また税の適正化をはかるのに十分な財政的能力を与えられた連邦国家がいまだ成熟していないということも補えないのである。

政治的・社会的ヨーロッパの四つのシナリオ

　こうした分析から、フランスの社会保護システムと対照して、未来の進化を

表18　政治的・社会ヨーロッパのシナリオ

政治モデル→ 課税・財政モデル↓	間国家的連邦主義		域内国家的連邦主義	
	相互承認の原理		収斂の原理	
		国民国家の特殊性 ↓	超国家的な調和 ↓	
社会政策において もっぱら国家が資 金調達を行う	間政府的なるもの が優位にある 同盟主義	絶対的に維持する 「頓挫した政治 ヨーロッパ」	市場による調和 「自由ヨーロッパ」	連合は（市場競争 において）法を手 段として強力に中 央集権化される 「アメリカ流の」 連邦主義
共同の資金調達に よる発展	間政府的なものと 超国家的なものと 間での均衡 「カナダ流の」連 邦主義	相対的に維持する 「差異の中での平 等のヨーロッパ」	政治による調和 「社会統合のヨー ロッパ」	連合は通貨および 社会保護を手段と して強力に中央集 権化される 「ドイツ流の」連 邦主義

内包した、多様な制度的シナリオの構築に必要な諸要素を引き出すことができる［Théret, 2000a et b］。ここでは二つの異なる原理を考慮してみよう。

　MOCや憲法論争が進展することで、主権の——強いか弱いかといった——程度にかかわる政治的変数が浮かび上がってくる。欧州連合が採択する可能性がある連邦主義の型しだいでは、加盟各国は主権を保持し続けるだろう。ここでは次のような二つの政治形態が対立する。第1に**間国家的** interétatique な連邦主義の形態では、連邦を構成する諸単位における制度的・文化的特殊性の相互承認の維持が強調される。これによって、共通目標および連邦規模での生活条件の平等化の探求は排除されない。逆に、**域内国家的な** intraétatique 連邦主義においては、連邦を構成する諸単位の主権は大いに弱められ、連邦権力の庇護のもとで、調和が求められ、制度的収斂が求められる。第2の変数は、課税・財政的変数であり、それは将来ありうる連邦規模での生活条件の平等化という問題にかかわる。課税・財政的変数は、加盟各国の社会保護における資金供給にEUが介入するかどうかということを示す。これら二つの変数を組み合わせると、そこから導き出されるのは、欧州連合の政治的・社会的構築につい

てのありうべき四つのシナリオである。これらのシナリオそれぞれから引き出されるのは、社会保護の国民的システムに起こりうる、特殊で、さらには対立的な進化である（表18を参照）。

「同盟主義」ないし「頓挫した政治的ヨーロッパ」のシナリオは、加盟各国の権限が最大限に維持されるシナリオである。これは主としてイギリスが考えているシナリオであるが、（社会保護の面で別の理由により）通貨統合を拒否したデンマークやスウェーデンも同様のシナリオを考えている。逆に、「自由ヨーロッパ」ないし「アメリカ流の連邦主義」のシナリオは、「市場の法則」、競争のルールを、欧州司法裁判所が監視する「四つの自由」への配慮を、背後に隠して前進する、超国家的なヘゲモニーのシナリオである。これは欧州委員会のもっとも影響力ある総局（経済・競争総局）お気に入りのシナリオである。これら二つの基本シナリオは国民的主権の面で対立しているが、市場の（政治的）役割について、また市場には本来的に政治的・社会的なイノベーションは存在しないということについては、同じヴィジョンを共有している。これら二つのシナリオそれぞれでは、富の不平等性を埋め合わせる政策を展開することは度外視されている。こうしたことから、同盟主義のシナリオが、国際的な経済競争の挑戦への対処法における「国民的特性」の違いを反映していると考えれば、このシナリオは、社会保護の国民的システムの異質性を保持することと整合的である。スカンディナヴィアの小国たちは、このシナリオに自国の社会民主主義モデルを保持する手段を見いだしており、これらの国々は、自国労働者の高熟練にもとづく社会資本、および、非価格競争力に関する自らの比較優位こそがもっとも重要な要素であると見なしている。これに対して、自国の自由主義的・残余主義的社会モデルに満足している英国は、自らの立場からすれば、価格競争力に有利な、自国の労働力における高い柔軟性を保持する手段をこのシナリオに見いだしている。アメリカ流の中央集権化された自由主義的シナリオでは、わずらわしい国民的主権などもはや問題ではなく、社会諸モデルは当然のごとく競争状態におかれている。ここでは、法の力で武装した単一市場が、残余主義的な社会保護システムへの収斂傾向をともないつつ、最低水準（ソーシャル・ダンピング）で社会保護の諸条件を平等化するにちがいない。

社会的・領土的 調 整(レギュラシオン)における政治的なるものへの回帰はあるのか

　「社会統合のヨーロッパ」および「差異の中での平等のヨーロッパ」というシナリオは、以上のシナリオとは反対に、社会的・領土的 調 整(レギュラシオン)における政治的なるものへの回帰からなるシナリオである。「ドイツ流の」社会統合のシナリオはどちらかといえばヨーロッパ経済共同体 EEC の創設者である大陸諸国の方向性、特にドイツの方向性に対応している。ここで探求されているのは、高次の社会モデルに依拠して推し進められ、EU と（連邦水準で決定された政策の行政的履行に大いに関与している）加盟各国との間での制度的調和と権力の階層化をめざす政治的統合である。「カナダ流の連邦主義的」シナリオは、政治的統合に関していえば、実際上、ヨーロッパの諸制度がすでに作り上げている下絵を完成することに対応している。この下絵では、諸制度の間に明確な階層性は存在せず、諸制度は超国家的・間政府的に混合されており、諸制度が権威づけているのは協力の強化および開放的政策協調の可能性である。ヨーロッパ政府の必要性を肯定し、それが民主主義的に正統化されているこのシナリオでは、連合の役割を「高度に政治的なこと」（共同防衛、加盟各国間での平和の維持、通貨のような共同の公共財の機能的管理、国境を越えた外部性をもつ国民的諸政策の調整、社会保護についての共通の規範、等々）に限定しようという意向がはたらくことになる。社会保護の国民的体制の面で、「カナダ流の」シナリオは、いかなる制度的収斂も想定していないということからすれば、同盟的な主権主義のシナリオに近い。このシナリオは、この点に関して「アメリカ流の」シナリオに近い「ドイツ流の」シナリオとは逆である。それにもかかわらず、EU 規模での生活条件の平等化という配慮が存在しているおかげで、一方で制度的異質性に高い評価を与えつつもそれが社会保護の水準における量的不平等性となって現れないのであり、他方で社会的、財政的問題ではない事柄についてはシステムの収斂が発生しないのである。

　MOC の発展は「カナダ流の」シナリオと両立可能であり、このシナリオによって、EU の社会的権限の補足と発展の原理と、経済・通貨・政治統合と、加盟各国の歴史的、文化的、社会的特殊性の承認とを調和させることができる。しかし社会的領域におけるヨーロッパ的調整から現実にもたらされるものを特

定するのは今なお難しく、またこの調整からもたらされるものは、とりわけ脆弱であるように思われる。社会保護の形態について共通の表象が EU に普及し始めている今、忘れてはならないのは、われわれがフランスの諸改革の分析で示したように、具体的な諸決定と諸改革は、結局のところ、今日存在している唯一の政治的共同体、すなわち国民的共同体の裁量にもとづくということである。

　もしこれらの多様なシナリオが道理にかなうとすればフランスにおける社会保護の将来は、まだなおまったく不確定である。

参考文献

ALFANDARI E. [1987], *Aide et action sociales*, Dalloz.
APROBERTS L., REYNAUD E. [1998], *Un panorama de la protectior' sociale complémentaire*, IRKS, rapport pour la MIRE, février.
AR *(Année de la Régulation)* [2000], vol. 4, 《 Fonds de pension et nouveau capitalisme 》, La Découverte.
AUER P. et CAZES S. (dir.) [2003], *Employment stability in an age of flexibility*, ILO, Genéve.
BALLIGAND J.P. et DE FOUCAULT J.B. [2000], 《 L'épargne salariale une solution pour les retraites ? 》, extrait du rapport au Premier ministre, 《 L'épargne salariale au cœur du contrat social 》, *Problémes économiques*, n° 2659, 5 avril.
BARBIER J.C. [1990], 《 Comment comparer les politiques familiales en Europe : quelques problémes de méthode 》, *Revue internationale de sécurité sociale*, XL111, 3.
BARBIER J.C. [1997], *Les Politiques de l'emploi en Europe*, Flammarion, 《 Dominos 》.
BARBIER J.C. [2002a̅], 《 Peuton parler d'activation de la protection sociale en Europe ? 》, *Revue français de sociologie*, n° 43-2.
BARBIER J.C. [2002b], 《 Des modéles d'insertion en Europe ? 》, in TREMBLAY D.G., DAGENAIS L.F. (dir.), *Ruptures, segmentations et mutations du marché du travail*, Presses de l'Université du Québec, Sainte Foy.
BARBIER J.C., GAUTIÉ J. (dir.) [1998], *Les Politiques de l'emploi en Europe et aux Ètats-Unis*, PUF.
BARBIER J.C., NADEL H. [2000], *La Flexibilité du travail et de l'emploi*, Flammarion.
BARBIER J.C. et SYLLA N. S. [2001], *Stratégie européen pour l'emploi, les représentations des acteurs en France*, rapport CEE, Noisy-le-Grand.
BEC C. [1998], *L'Assistance en démocratie, les politiques assistantielles dans la France des XIXe, et XXe siécles*, Belin.
BELORGEY J.M. [1996], 《 Pour renouer avec l'esprit initial du RMI 》, *Revue du Mauss*, n°7, 《 Vers un revenu minimum inconditionnel 》.
BORGETTO M., LAFORE R. [2000], *La République sociale*, PUF.
BREUILGENIER P. et RUPPRECHT F. [1999], 《 La maîtrise des dépenses de santé, la reforme de l'assurance maladie (1996 -1999) 》, *Revue française d'économie*, vol. XIV, n° 3.
CAILLÉ A. [1994], *Temps choisi et revenu de citoyenneté, audelà du salariat universel,*

Démosthéne/Mauss.
CASTEL R. [1995], *Les Métamorphoses de la question sociale*, Fayard.
CATRICELOREY A. [1997], 《 La Sécurité sociale en France, institution antiparitaire ? Un regard historique de long terme 》, *La Revue de l'IRES* n° 24, n° spécial 《 Le Paritarisme. Institutions et acteurs 》.
CAUSSAT L., FENINA A., GEFFROY Y. [2003], 《 Quarante années de dépenses de santé. Une rétropolation des comptes de la santé de 1960 à 2001 》, *Ètudes et Résultats* n° 243.
CECCALDI D. [1957], *Histoire des prestations familiales en France*, Ètudes UNCAF.
COMMAILLE J., STROBEL P., VILLAC A. [2002] , *La Politique de la famille*, La Découverte, 《 Repéres 》.
CONCIALDI P., LECHEVALIER A. [2003], 《 Pensions reform and intergenerational equity 》, in *Reforming Pensions in Europe*, G. HUGHES et J. STEWART (éds) , Cheltenham , Edward Elgar.
CAE (Conseil d'analyse économique) [1998], *Retraites et épargne*, La Documentation française.
CAE (Conseil d'analyse économique) [1999], *Régulation du systéme de santé*, La Documentation française.
COR (Conseil d'orientation des retraites) [2002], *Retraites : renouveler le contrat social entre les générations. Orientations et débats*, La Documentation française.
CREDES [2001], 《 La démographie et l'activité des médecins 》, *Éco-Santé infos* n° 3, mars.
DAMAMME D., JOBERT B. [2000], 《 Coalitions sociales et innovations institutionnelles : le cas du plan Juppé 》, in *Innovations institutionnelles et territoires* TALLARD M., THÉRET B. et URI D. (dir.), L'Harmattan.
DANIEL C., TUCHSZIRER C. [1999], *L État face aux chômeurs*, Flammarion.
DARES [2003], *Les Politiques de l'emploi et du marché du travail*, La Découverte, 《 Repéres 》.
DAYAN J.-L. [2002], *Les 35 heures ambitions et réalités*, La Découverte.
DEHOVE M., THÉET B. [1996], 《 La parole de l'Éat. À propos de la crise sociale qui a paralysé la France en novembre-décembre 1995 》, *Politique et Sociétés* n° 30.
DE LA PORTE C., POCHET P. (éd.) [2002], *Building Social Europe Through the Open Method of Coordination*, Peter Lang, Bruxelles.
DEMAZIÈRE D. [1995], *La Sociologie du chômage*, La Découverte, 《 Repéres 》.
DONZELOT J., ROMAN J. [1998], 《 1972-1998, les nouvelles donnes du social 》, *Esprit*, marsavril.
DREES [2002], 《 Les retraites en 2001 》 , *Études et Résultats* n° 207.
DREES [2003], *Les Comptes de la protection sociale 1990-2001*, La Documentation française.
DUPEYROUX J.J., BORGETTO M., LAFORE R., RUELLAN R. [2001], *Droit de la Sécurité sociale*, Dalloz.
DUPONT G., STERDYNIAK H. [2000], *Quel avenir pour nos retraites ?*, La Découverte, 《 Repéres 》.
DUPUIS J.M. [1994], *Le Financement de la protection sociale*, PUF, 《 Que sais-je ? 》.
EME B. [1997], 《 Aux frontiéres de l' économie : politiques et pratiques d'insertion 》, *Cahiers*

internationaux de sociologie, vol. CII.
ESPING ANDERSEN G. [1990], *The Three Worlds of Welfare Capitalism*, Polity Press, Cambridge [traduction française, 1999, PUF]. 岡沢憲芙・宮本太郎監訳『福祉資本主義の三つの世界』ミネルヴァ書房、2001年。
ESPING ANDERSEN G. [1999], *Social Foundations of Post Industrial Economies*, Oxford University Press, Oxford. 渡辺堰男・渡辺景子訳『ポスト工業経済の社会的括礎』桜井書店、2000年。
EWALD F. [1986], *L'État-providence*, Fayard.
FLORA P. (éd.) [1986], *Growth to limits the Western European Welfare State Since World War II*, de Gruyter, Berlin.
FLORA P., HEIDENHEIMER A. (éd.) [1981], *The Development of Welfare States in Europe and America*, Transaction Books, New Brunswick.
FRIOT B. [1998] , *Puissances du salariat, emploi et protection sociale à la française*, La Dispute.
GOURIO F., VOLOVITCH P. [1996], 《 La protection sociale 》, *Données sociales 1996. La société française*, INSEE.
GUILLEMARD A.M. [1986], *Le Déclin du social*, PUF.
GUILLEMARD A.M. [2003], *L Âge de l'emploi les sociétés à l'épreuve du vieillissement*, Armand Colin.
HANTRAIS L., LETABLIER M.T. [1997], *Familles travail et politiques familiales en Europe*, CEE/PUF, Cahier n°35.
HASSENTEUFEL P. [1997], 《 Le plan Juppé : fin ou renouveau d'une régulation paritaire de l'assurance maladie 》, *La Revue de l'IRES*, n° 24.
HATZFELD H. [1971], *Du paupérsme à la Sécurité sociale (1850-1940) Essai sur les origines de la Sécurité sociale en France*, Armand Colin (2e éd. 1989, Presses universitaires de Nancy).
JOBERT B. (dir.) [1994], *Le Tournant néo-libéral en Europe*, L'Harmattan.
JOINLAMBERT M.T., BOLOTGLITTER A., DANIEL C., LENOIR D., MÉDA D. [1997], *Politiques sociales*, Presses de Sciences Po et Dalloz.
KERSCHEN N. [1995], 《 L'influence du rapport Beveridge sur le plan français de Sécurité sociale 》, *Revue française de science politique*, n° 4, 45, août.
LAROQUE P. [1946], 《 Le plan français de Sécurité sociale 》, *Revue française du travail*, 1.
LEGROS F. [2001], 《 Vieillissement et systéme de retraite 》, in PALIER B., VIOSSAT J.-Ch. (dir.), *Politiques sociales et mondialisation*, Éditions Futuribles.
MARIÉ R. [2000], 《 La couverture maladie universelle 》, *Droit Social*, n° 1.
MASSON A. [1999], 《 Quelle solidarité intergénérationnelle 》, *Revue française d'économie*, vol. XIV, n° 1.
MERRIEN F.X. [1990], *Étude comparative de l'évolution de l'État-Protecteur en France et en Grande-Bretagne*, rapport MIRE
MERRIEN F.X. [1997], *L'État-Providence*, PUF, 《 Que sais-je ? 》.
MILANO S. [1989], *Le Revenu minimum garanti dans la CEE*, PUF, 《 Que sais-je ? 》.
MIRE [1996], *Comparer les systémes de protection sociale en Europe. France-Allemagne*, vol. 2, Rencontres de Berlin, MIRE.

MOREL S. [2000], *Les Logiques de la réciprocité les transformations de la relation d'assistance aux États-Unis et en France*, PUF.

MORMICHE P. [1995], 《 L'accés aux soins : évolutions des inégalités entre 1980 et 1991 》, *Éonomie et Statistique*, n°282.

MURARD N. [2001], *La Protection sociale*, La Découverte, 《 Repéres 》.

MYLES J., PIERSON P. [2000], 《 The comparative political economy of pensions reform 》, in PERSON P. (éd.), *The New Politics of the Welfare State*, Oxford University Press, Oxford.

OCDE [1981], *L'État protecteur en crise*, OCDE.

ORLÉAN A. [1999], *Le Pouvoir de la finance*, Odile Jacob. 坂口明義 清水和巳訳『金融の権力』藤原書店、2001 年。

OUTIN J.L. [1999], 《 Le RMI, troisiéme composante de l'indemnisation du chômage 》, Séminaire *Transformations du marché du travail et continuité de la protection sociale*, Commissariat général du plan, mars.

PALIER B. [2002], *Gouverner la Sécurité sociale*, PUF, 《 Le Lien social 》.

PAUGAM S. [1991], *La disqualification sociale*, Essai sur la nouvelle pauvreté, PUF.

PAUGAM S. [2000], *Le Salarié de la précarité*, PUF.

PIRIOU J.P. [2003], 《 Comprendre comment les gains de productivité peuvent financer les retraites 》, in COMBEMALE P. et PIRIOU J.P. (dir.), *Nouveau Manuel de sciences économiques et sociales*, La Découverte.

PIERRU F. [1999], 《 L'"hopitalentreprise", une *self-fulfilling prophecy* avortée 》, *Politix*, n° 46.

POLANYI K. [1944 (1983)], *La Grande Transformation*, Gallimard. 吉沢英成ほか訳『大転換』東洋経済新報社、1975 年。

POLLET G., RENARD D. [1997], 《 Le paritarisme et la protection sociale. Origines et enjeux d'une forme institutionnelle 》, *La Revue de l'MES*, n° 24, 《 Le Paritarisme. Institutions et acteurs 》.

POUVOURVILLE G. DE [1994], 《 Organisation et régulation du systéme de soins en France 》, in JOBERT B., STEFFEN S. (dir.), *Espace social européen*, n° 258, 《 Les politiques de santé en France et en Allemagne 》, Observatoire européen de la protection sociale.

RAPPORT CHADELAT [2003], *La Répartition des interventions entre les assurances maladie obligatoires et complémentaires en matiére de dépenses de santé*, Commission des comptes de la Sécurité sociale.

RAPPORT CHARPIN [1999], *L'Avenir de nos retraites*, Commissariat général du plan, La Documentation française.

RAPPORT COULOMB [2003], *Médicalisation de l'ONDAM*, rapport du groupe de travail de la CCSS, Commission des comptes de la Sécurité sociale.

RENARD D. [1995], 《 Les rapports entre assistance et assurance dans la constitution du systémes de protection sociale français 》, in MIRE, *Comparer les systémes de protection sociale en Europe*, Rencontres d'Oxford.

RENARD D. [2000], *Initiative des politiques et contrôle des dispositifs décentralisés, La protection sociale et l'État sous la Troisiéme République, 1885-1935*, rapport pour la MIRE.

RIMLINGER G. V. [1971], *Welfare Policy and Industrialisation in Europe, America and Russia*,

John Wiley and sons, New York.
ROSANVALLON P. [1981], *La Crise de l'État-providence*, Seuil.
ROSANVALLON P. [1995], *La Nouvelle question sociale*, Seuil.
SERRÉ M. [1999], 《 La santé en comptes. La mise en forme statistique de la santé 》, *Politix*, n° 46.
SESI [1986], 《 Les comptes de la protection sociale de 1959 à 1985 》, *Documents statistique*, n° 29, ministére des Affaires sociales et de la Solidarité nationale.
SOCIETÉS CONTEMPORAINES [2002], Dossier *Intégration territoriale et politiques sociales en Europe : la construction de l'Union européenne*, n°47.
THÉRET B. [1991], 《 Néolibéralisme, inégalités sociales et politiques fiscales de droite et de gauche dans la France des années 1980 : identités et différences, pratiques et doctrines 》, *Revue Française de Sciences Politiques*, vol. 41, n° 3.
THÉRET B. [1997], 《 Méthodologie des comparaisons internationales, approches de l'effet sociétal et de la régulation : fondements pour une lecture structuraliste des systémes de protection sociale 》, *L'Année de la régulation*, vol. 1.
THÉRET B. [2002a], *Protection sociale et fédéralisme. L'Europe dans le miroir de l'Amérique du Nord*, PlEPeter Lang et PUM, Bruxelles et Montréal.
THÉRET B. [2002b], 《 Les récentes politiques sociales de l'Union européenne au regard de l'expérience canadienne de fédéralisme 》, *Sociétés contemporaines*, n°47.
THÉRET B. [2003], 《 Le débat critique français sur les fonds de pension: un état des lieux 》, communication à *l'International Workshop on Pension Reform,* Brasilia, ANFIP, avril.
THOMPSON, L. H. [2003], 《Reforming Civil Service Pensions : Key Issues and Possible Models 》, communication à *l'International Workshop on Pension Reform*, Brasilia, ANFIP, avril.
TITMUSS R. M. [1974] , *Social Policy, an Introduction*, G. Allen and Unwin, Londres. 三友堰夫監訳『社会福祉政策』恒星社厚生閣、1981年。
VALLIN J. [2001], *La Population française*, La Découverte, 《 Repéres 》.
VOLOVITCH P. [1999], 《 L accés aux soins pour tous 》, *Alternatives Économiques*, n° 169.
WILENSKY H. [1975], *The Welfare States and Equality*, University of California Press, Berkeley. 下平好博訳『福祉国家と平等』木鐸社、1984年。
ZIMMERMANN B. [2001], *La Constitution du chômage en Allemagne, entre professions et territoires*, Éditions de la MSH.

訳者による補遺：
日本とフランスの社会保護システムの比較

宇仁宏幸

　本訳書は、フランスの社会保護システムの構造と歴史を簡潔に叙述した著作である。本書でも強調されているように、社会保障の理念は普遍性を帯びていても、その現実的な制度形態は国毎に多様である。フランスと日本の制度を比較対照することは、日本の読者が本書を理解するうえで有益であると思われる。以下では、フランスと対照しながら、日本の社会保障システムの特徴をごく簡単に説明する。

制度の構成と運営方式

　本書20ページにあるように、フランスでは年金、医療保険の基礎的単位として、主として職業別に編成された500以上の制度が存在している。日本の年金保険の場合、付表1に示すように、民間被用者が加入する厚生年金保険、公務員などが加入する共済組合、自営業者等が加入する国民年金が主要な制度となっている。さらに大企業独自の上乗せ給付を担う厚生年金基金が2000近く存在する。また日本の医療保険の場合、中小企業被用者が加入する政府管掌健康保険、大企業被用者が加入する組合管掌健康保険（約1500の組合があり、法定給付以外に各大企業独自の附加給付も行っている）、公務員などが加入する共済組合、自営業者等が加入する国民健康保険、が主要な制度である。
　公務員や船員などが加入する、フランスに類似した職業別の制度もいくつか存在するが、厚生年金基金や組合管掌健康保険のように、企業あるいは企業グループを単位とする制度が数多く存在することが日本の特徴である。このよう

な企業別制度を通じて、自社の従業員に対して、日本の大企業は年金や医療保険について附加給付を行うほか、社宅や保養所などの「現物給付」も行っており、「企業福祉」（橘木・金子［2003］）あるいは「産業的福祉」（平野［2001］）と呼ばれるものの役割が日本では大きい。また、国民健康保険のように、市町村単位の医療保険制度に、自営業者が組織されている点も日本の特徴である。この理由として、制度形成時に日本は、「第1次産業従事者が全人口の半数を占める後発国家」であったことが挙げられる（広井［1999］）。

　フランスと同様に、社会保険方式を採用している点で、日本は、ビスマルク的論理および職域連帯の論理にもとづいているといえる。しかし、被用者について大企業部門と中小企業部門との間に壁があるという点、さらに大企業部門については、企業あるいは企業グループという単位での職域連帯が強い点で、ヨーロッパ大陸諸国で支配的なビスマルク的論理とは異なっている。また、日仏では、制度の運営方法がまったく異なっている。すなわち、フランスの制度では、本書89ページに書かれているように、「パリタリズム」と呼ばれる、ほぼ同数の労使代表による運営が行われている。日本では、国民年金と厚生年金などの運営主体は政府であり、労使代表は、公式的には、社会保障審議会などの一メンバーとしてその運営に参加するだけである（社会保障審議会の場合、委員25名中、労働組合代表1名、経営者団体代表1名である。ただし議事録などから判断すると、この2者の発言力は格段に大きい）。公務員などの年金の場合は共済組合による運営であるが、その運営を担当する役員の大部分は高級官僚OBなどが占めている。次に述べるように、社会保障財源における公費負担の割合が大きいこととも関連するが、日本では、制度運営における政府の役割がフランスよりも大きいといえる。とはいえ、政府がすべてを決定しているわけではなく、フランスと同様に、日本においても、社会保障改革をめぐっては、その都度、労働組合を中心に、大衆的な反対運動が組織された（1973年の年金スト等。詳しくは柴田［1998］参照）。このような意味で、制度形成や制度運営は政治的な過程であることはいうまでもない。

　付表1の「公庫負担」の欄をみればわかるように、日本では、厚生年金基金と組合管掌健康保険以外の、年金、医療保険制度には、無視できない額の公庫

訳者による補遺　*141*

付表1　日本における社会保障制度別の会計収支（2003年度　単位：兆円）

	事業主保険料	被保険者保険料	公庫負担	資産収入	その他	他制度からの移転	収入合計	現金給付	現物給付	管理費等	他制度への移転	支出合計	収支差
組合管掌健康保険	3.5	2.8	0.0	0.1	0.4	0.0	6.8	0.3	2.7	0.6	2.7	6.4	0.5
政府管掌健康保険	3.2	3.2	0.9	0.0	0.0	0.0	7.3	0.3	3.5	0.2	3.3	7.3	0.0
老人保健	0.0	0.0	3.6	0.0	0.1	7.5	11.1	0.0	5.0	0.0	0.0	10.7	0.4
介護保険	0.0	0.9	2.8	0.0	0.0	1.6	5.5	0.1	0.0	0.3	10.4	5.4	0.1
厚生年金保険	9.6	9.6	4.1	6.4	0.0	5.5	35.3	20.8	0.0	0.2	0.0	31.5	3.8
厚生年金基金等	2.6	0.6	0.0	6.8	1.4	0.1	10.1	2.3	0.0	0.2	0.0	2.5	7.6
国民年金	0.0	2.0	1.6	0.5	0.8	11.9	17.3	13.3	0.1	0.7	0.3	15.5	1.8
私学共済等	0.3	0.4	0.2	0.4	0.1	0.0	2.1	0.5	0.9	0.1	2.8	1.7	0.5
公務員共済	5.3	2.9	0.5	1.0	0.0	0.6	10.3	6.3	0.0	0.5	0.0	10.1	0.2
雇用保険	1.5	1.0	0.5	0.0	0.2	0.0	3.0	2.0	0.2	0.2	0.0	2.5	0.6
労働者災害補償保険	1.0	0.0	0.0	0.1	0.0	0.0	1.4	0.7	0.1	0.2	0.0	1.2	0.3
児童手当	0.2	0.0	0.3	0.0	0.0	0.0	0.5	0.4	0.6	0.2	0.0	0.5	0.0
公衆衛生	0.0	0.0	0.9	0.0	0.0	0.0	0.9	0.1	1.3	0.0	0.0	0.9	0.0
生活保護	0.0	0.0	2.4	0.0	0.0	0.0	2.4	1.1	2.4	0.4	0.0	2.4	0.0
社会福祉	0.0	0.0	3.3	0.0	0.0	0.0	3.3	0.5	0.0	0.0	0.0	3.3	0.0
戦争犠牲者	0.0	0.0	1.3	0.0	3.6	0.0	1.3	1.3	34.1	4.7	25.2	1.3	0.0
総計	27.3	27.4	27.8	15.2		28.8	130.1	50.2				114.2	15.9

出所：国立社会保障・人口問題研究所ホームページ「平成15年度社会保険給付費　平成15年度社会保険費用」第9表　から字仁が算出。

負担すなわち税が投入されている。つまり、日本の多くの制度の財源は、社会保険料だけではなく、かなりの割合を税に頼っている。この点で、フランスと同様に日本でも、ビスマルク的論理はベヴァリッジ的論理によって補完されているといえる。また、付表1の「他制度からの移転」「他制度への移転」の欄からうかがえるように、日本でも、社会保険制度間の財源移転が存在する。特に厚生年金保険から国民年金への移転額、および組合管掌健康保険、政府管掌健康保険および国民健康保険から老人保健への移転額、つまり被用者の制度から自営業者の制度への移転額が大きい。フランスでも21ページの表1や25ページの表2を見ればわかるように、社会保険制度間の財源移転は、社会保険総財源の2割近くに達する。26ページに書かれているように、フランスでは、このような財源移転は「国民連帯」の表現であると認識されている。しかし、日本では、国民の多くは、上記の財源移転を国民連帯の表現として認識していない。それは、このような財源移転は、主として基礎年金制度（1985年導入）および老人保健制度（1983年導入）への他制度からの資金拠出の際に発生しているのであるが、各制度の拠出割合は建前上は「公平」であるとされ、結果として生じている財源移転は基礎年金制度や老人保健制度の趣旨として明示されていないからである（基礎年金制度への拠出が所得再分配となるメカニズムについては広井［1999］79ページ参照）。結局、日本でも、制度間の財源移転という「国民連帯」は事実として行われているのであるが、それは十分な社会的合意を踏まえて行われているとはいいがたい。

社会保障財政の規模と財源

　日仏比較においては、両国における経済構造や人口動態の違いや、フランスの「社会保護」と日本の「社会保障」との概念定義の若干のずれを考慮に入れる必要があるが、社会保障財政の構成やその時間的変化は、両国でかなり異なっている。40ページの表4と、次の付表2を比べると以下のことがいえる。

　フランスでは、社会保護給付がGDPに占める比率は、1981年で25.2％、2002年で29.1％である。日本では、社会保障給付がGDPに占める比率は、

訳者による補遺　143

付表-2　日本における社会保障給付の部門別推移（単位：%）

	医療		年金		福祉その他		合計
	対合計比	対GDP比	対合計比	対GDP比	対合計比	対GDP比	対GDP比
1965	57.0	2.8	21.9	1.1	21.2	1.0	4.9
1970	58.9	2.8	24.3	1.2	16.8	0.8	4.8
1975	48.5	3.9	33.0	2.6	18.5	1.5	7.9
1980	43.3	4.4	42.2	4.2	14.5	1.5	10.1
1985	40.0	4.4	47.3	5.2	12.6	1.4	10.9
1990	38.9	4.1	50.9	5.3	10.2	1.1	10.5
1995	37.2	4.8	51.8	6.7	11.1	1.4	12.9
2000	33.3	5.1	52.7	8.0	14.0	2.1	15.2
2003	31.6	5.3	53.1	8.9	15.3	2.6	16.8

出所：国立社会保障・人口問題研究所ホームページ「平成15年度社会保障給付費　第1表　社会保障給付費の部門別推移」から宇仁が算出。

付表-3　フランスと日本の雇用統計データ（単位：%）

	フランス			日本		
	1990	2000	2003	1990	2000	2003
標準化失業率	8.7	9.3	9.4	2.1	4.7	5.3
年齢別失業率（15〜24歳）	19.1	20.7	20.2	4.3	9.2	10.2
同　　　　（25〜54歳）	8.0	9.2	8.1	1.6	4.1	4.7
同　　　　（55〜64歳）	6.7	7.9	5.8	2.7	5.6	5.5
6カ月以上の失業者の割合	55.6	62.0	53.4	39.0	46.9	50.9
12カ月以上の失業者の割合	38.1	42.6	33.8	19.1	25.5	33.5

出所：OECD, *Employmant Outlook 2004* より宇仁が抜粋。「標準化失業率」とはILO基準の共通の定義で算出した失業率である。「6カ月以上の失業率の割合」は全失業者数に占める割合である。

1980年で10.1％、2003年で16.8％である。この比率は、特に年金給付の増大によって、日本で急増しているが、経済全体に占める社会保障給付の大きさはまだフランスには遠く及ばない。これは、医療についても年金についてもいえる。また、フランスの社会保護システムにおいては、医療と年金以外のシステム、つまり「家族」「住宅」「失業・早期退職」「貧困・排除」への対策については、2002年において、社会保護給付合計に占める比率は21.7％、GDP比は6.4％である。2003年の日本の「福祉その他」については、社会保障給付合計に占める比率は15.3％、GDP比は2.6％にすぎない。付表3に示す日仏間の

付表-4　日本における社会保障の財源構成比の推移（単位：%）

年度	1951	1960	1970	1980	1990	2000	2002	2003
事業主保険料	28.6	41.7	31.2	29.1	31.7	31.4	32.2	26.9
被保険者保険料	28.1	26.2	28.5	26.5	27.9	29.6	31.1	27.0
公費負担	36.5	24.7	30.0	32.9	24.4	28.0	30.3	27.4
資産収入	1.1	4.9	8.8	9.7	12.6	7.2	1.8	15.0
その他	5.8	2.4	1.6	1.8	3.5	3.8	4.6	3.6

出所：国立社会保障・人口問題研究所ホームページ「平成15年度社会保障給付費　第10表　社会保障財源の項目別推移」から宇仁が作成。

　失業率の差異などを考慮に入れなければならないが、日本ではこれらの各分野への公的介入の比重が小さい。一方、フランスでは、本書第6章、第7章で説明されているように、これらの分野で独自の公的介入が発展している。

　また、44ページの表5と、付表4を比べると以下のことがいえる。フランスでは、社会保護の財源のうち、雇用主負担は、1981年で55.2％、2002年で45.9％である。被用者と非被用者の負担は1981年で23.5％、2002年で21.0％である。特別税と国庫負担をあわせた国の負担は1981年で18.0％、2002年で30.4％である。したがって最近20年間で、雇用主の負担割合が減少し、その分、国の負担が増加したことがわかる。一方、日本では、1970年代以降、財源構成においてフランスほどの大きな変化はない（保険金運用益である資産収入については金融市場の状況によって変動している）。保険料率の引き上げは繰り返されたが、年金保険料の労使折半の原則および給付額の3分の1の国庫負担原則が、この30年間維持されたために、労と使と国の3者の拠出がほぼ等しい状態が続いている（基礎年金については、現在の国の負担割合3分の1を、2009年度までに2分の1に高めることが2004年に決定されている。しかしそのための財源をどこに求めるかについては未決定である）。フランスと比較すれば、日本では雇用主の負担割合がフランスよりも低く、他の2者の負担割合が高い。

付表-5　フランスと日本の人口統計データ

	フランス	日本
男性平均寿命　（2002年）	76.0年	78.4年
女性平均寿命　（2002年）	83.6年	85.3年
65歳以上人口割合（1980年）	14.0%	9.1%
同　　　　　　（2000年）	16.0%	17.3%
同　予測　　　（2020年）	20.3%	27.9%
出生率　　　　（1980年）	14.9／1000	13.6／1000
同　　　　　　（2000年）	13.2／1000	9.5／1000
合計特殊出生率（1980年）	1.99	1.75
同　　　　　　（2000年）	1.89	1.36

出所：国立社会保障・人口問題研究所編『社会保障統計年報』平成16年版から宇仁が抜粋。

人口動態

　人口動態は社会保障制度、特に年金と医療保険に大きな影響を及ぼす。賦課方式をとる制度においては、社会保険料を負担する現役世代（拠出者）と、給付を受け取る引退世代（受給者）との人口比が、各制度の収支差に大きな影響を及ぼす。

　51ページ以下に書かれているようにフランスの場合、独自の家族政策の影響もあって、他のEU諸国と比べて、人口の減少は緩やかであり、出生率もかなり高い。90年代初頭に1.66にまで低下していた合計特殊出生率は、最新のINSEEの報告によれば、1.94にまで回復した。日本では、付表5に示すように、少子化に歯止めがかかっていない。また、日本では、人口構成において特定の世代が突出しているという要因も加わり、現在、高齢化が急速に進行しつつある。2020年には、人口のほぼ3人に1人が65歳以上になると推定されている。こうした高齢化の急速な進行は、後に見るように、年金や医療保険に大きな影響を及ぼしている。

　しかしながら、逆方向の因果連関も存在し、人口変化は部分的に、家族手当制度など「過去の」社会保障制度の影響を受ける。113ページ以下で述べられ

付表-6　フランスと日本の家族（児童）手当制度の概要 (2004年現在)

	フランス	日本
支給対象児童	第2子から。 20歳になるまで	第1子から。 9歳になるまで
支給月額	第2子：115.07ユーロ 第3子〜：147.42ユーロ 11〜15歳：32.36ユーロ加算 16歳〜：57.54ユーロ加算	第1・2子：0.5万円 第3子〜：1万円
所得制限	なし	一定の年収（4人世帯：596.3万円、被用者の特例措置：780万円）以上の者には支給しない
財源	事業主拠出金：65% 一般福祉税：35%	3歳未満児童への支給額の70%（特例措置分は100%）を事業主が負担。残りは公費負担

出所：国立社会保障・人口問題研究所編『社会保障統計年報』平成16年版、米国社会保障庁、Social Security Programs throughout the World 2004 から宇仁が作成。

ている独自なフランスの家族手当制度の存在は、親が就労しつつ子育てができる条件を経済的に支えてきた。他方、日本の児童手当は、長い間、出産奨励政策というよりは社会扶助政策であり、主に低所得の家庭にのみ支給されてきた。2000年以降、所得制限が大幅に緩和され、現在では約9割の児童に給付されるようになった。付表6に示すように、支給対象となる年齢については、日本ではフランスよりも低く設定されている。

年金制度

　日本の年金制度は、名目的には積立方式であるが、実質的には賦課方式に近い形態で運営されているので、少子高齢化の影響を大きく受ける。少子高齢化が急速に進行していくと、保険料の引き上げ、給付額や給付条件の引き下げを余儀なくされる。これは、保険料の未納や制度への未加入を増大させ、制度そのものの抜本的改革を要請する可能性もある。先に述べたように、民間被用者が加入する厚生年金保険、公務員などが加入する共済組合、自営業者等が加入する国民年金が、日本の主要な年金制度である。日本の年金制度の特徴の一つ

は、厚生年金保険と共済年金が所得比例の負担と給付を採用しているのに対し、国民年金は定額負担と最低保障給付を採用している点である。このような二元的制度となっている理由としては、自営業者の所得捕捉が困難であるという事情や、自営業者には明確な退職年齢がないという事情もある。また、厚生年金保険と共済年金と比べて、国民年金の加入者の平均年齢は高く、平均所得水準は低いため、人口高齢化の影響は、国民年金において、もっとも顕著に現れる。国民年金の財政赤字や保険料未納者数や未加入数は増加し続けており、制度そのものの存続を危ぶむ見解もある。

このような状況の中で、基礎年金部分を税方式に転換すべきであるという抜本的改革案が提案され、その支持者たち（経団連や連合など）と、現行の社会保険方式を支持する人たち（厚生労働省など）との間で論争が行われた（その論点については国立社会保障・人口問題研究所［2002］や小塩［2005］参照）。ここで争われているのは経済的合理性だけではない。厚生労働省が社会保険方式に固執する理由の一つは、税方式にすると、社会保険財源に関する財務省や議会の統制が強まる恐れがあるからである（武智［2003］）。

2004年年金制度改革は、一時的な妥協として捉えることができる。この改正では、第1に、保険料率の上限が固定された（厚生年金では総報酬比で18.3％、国民年金では1万6900円）。第2に、保険料などの収入の範囲内に給付が収まるように給付額を抑制する新たな算定方式（マクロ経済スライド方式）が導入された。第3に、2009年度にかけて、基礎年金の国庫負担割合を現行の3分の1から2分の1に引き上げることが決定された。第4に、現在260兆円ほどある積立金を2100年までに、財政均衡のために徐々に取り崩すことが決定された。ただし、国庫負担割合を高めるために必要となる財源確保については、消費税を含む抜本的な税制改革を2007年度に行うという程度の合意しかなく、消費税率の具体的決定などは今後の政治過程にゆだねられている。

次の付表7は、被用者の年金制度に限って、フランスと日本を対照している。受給条件の保険料納付期間が大きく異なるほか、国庫負担金の有無などいくつかの違いがある。詳細については藤井［1996］第8章を参照されたい。

付表-7 フランスと日本の年金の概要 (2004年現在)

	フランス	日本
適用対象	民間商工業被用者と農業労働者:一般制度 公務員と国鉄職員等特定職域の被用者:特別制度 農業経営者と自営業者等:その他の諸制度	民間被用者:厚生年金保険と国民年金(基礎年金) 公務員:共済年金と国民年金(基礎年金) 農業従事者と自営業者等:国民年金
受給条件	【以下、一般制度の場合】 保険料納付期間:1四半期以上。40年で満額支給 支給開始年歳:60歳	【以下、厚生年金の場合】 保険料納付期間:25年以上。 支給開始年歳:60歳
給付算定方式	上位25年の平均賃金年額×0.5×(加入月数÷480)+扶養家族加算	平均標準報酬月額×7.125÷1000×加入月数+扶養家族加算
財源	被保険者保険料:上限賃金の6.55% 事業主保険料:上限付賃金の8.2%と賃金総額の1.6% 国庫負担:なし	被保険者保険料:上限付賃金の6.967% 事業主保険料:上限付賃金の6.967% 国庫負担:基礎年金拠出金の1/3と事務費の全額

出所:厚生統計協会『保険と年金の動向』2004年版、厚生労働省『厚生労働省白書』平成16年版、米国社会保障庁、*Social Security Programs throughout the World 2004* から宇仁が作成。

医療保険制度

　医療保険も人口高齢化の影響を受ける。さらに、疾病の種類が急性疾患中心から慢性疾患中心に変化するという国民の疾病構造の変化も起きている(西村[2000])。また日本の医療システムは、医師や医師会の権限が強く、公的な統制が弱い「ブラックボックス」的領域になっている(広井[1999])。これらの結果として、特に高齢者医療費の増加が著しく、医療保険財政を圧迫している。先に述べたように日本の医療保険制度には、中小企業被用者が加入する政府管掌健康保険、大企業被用者が加入する組合管掌健康保険、公務員などが加入する共済組合、自営業者等が加入する国民健康保険、があるが、多くの制度が赤字を計上している。

　医療費を抑制するために、患者負担率の引き上げなどの需要サイドの対策や、診療報酬体系の見直しなどの供給サイドの対策が繰り返し実施されてきた。また、年金改革案と同様に、高齢者医療制度の抜本的な改革案として、二つの考え方が提案され論争が行われてきた。一つは医師会などが提唱する「独立方式」

訳者による補遺　149

付表-8　フランスと日本の医療保険制度の概要（2004年現在）

	フランス	日本
適用対象	民間商工業被用者と公務員：一般制度（公務員は管理を一般制度に委託） 国鉄職員等特定職域の被用者：特別制度 農業経営者と自営業者等：その他の諸制度	民間被用者：健康保険 公務員：共済組合 農業従事者と自営業者等：国民健康保険
医療給付	償還制 償還率：入院費は80％、外来診療費は70％、薬剤費は65％	現物給付 患者負担率：3歳未満は2割、3〜69歳は3割、70歳以上は1割
現金給付	傷病手当金：基準賃金日額の50％を6カ月から3年 出産手当金：基準賃金日額の100％を16週間	【以下、政府管掌健康保健の場合】 傷病手当金：基準賃金日額の60％を最長6カ月または治るまで 出産手当金：基準賃金日額の60％を14週間
財　源	【以下、一般制度の場合】 被保険者保険料：賃金総額の0.75％ 事業主保険料：賃金総額の12.8％ 国庫負担：なし	被保険者保険料：賃金総額の4.1％ 事業主保険料：賃金総額の4.1％ 国庫負担：給付費等の13％

出所：厚生統計協会『保険と年金の動向』2004年版、国立社会保障・人口問題研究所編『社会保障統計年報』平成16年版、米国社会保障庁、*Social Security Programs throughout the World 2004* から宇仁が作成。

と呼ばれるものであり、各医療保険制度から財政的にも独立した高齢者向けの単独の医療制度をつくるという考え方である。その収入は、高齢者からの保険料もあるが、大部分は国庫負担による。もう一つの考え方は「突き抜け方式」と呼ばれるものである。高齢者になっても、現役期に加入していたのと同じ制度に加入し続けるという案である。

　2005年に厚生労働省は「医療制度構造改革試案」を発表し、その法制化をめざしているが、高齢者医療制度に関するその内容は、上記の二つの考え方を折衷したものになっている。つまり、75歳以上の後期高齢者の医療のあり方に配慮した独立保険を創設するが、65歳から74歳の前期高齢者については、予防を重視して国保・被用者保険といった従来の制度に加入しつつ、負担の不均衡を調整する新たな財政調整の制度を創設する、というものである。新たな高齢者医療制度の創設の時期は2008年度目途とされており、詳細な制度設計については、これもまた今後の政治過程にゆだねられている。

　上の付表8は、被用者の医療保険制度に限って、フランスと日本を対照して

いる。国庫負担の有無など、いくつかの違いがある。詳細については藤井 [1996] 第8章を参照されたい。

参照文献
浅野清編 [2005]『成熟社会の教育・家族・雇用システム──日仏比較の視点から』NTT出版
小塩隆士 [2005]『人口減少時代の社会保障改革』日本経済新聞社
加藤智章 [1995]『医療保険と年金保険──フランス社会保障制度における自律と平等』北海道大学図書刊行会
栗原毅 [2005]『ユーロ時代のフランス経済──経済通貨統合下の経済政策の枠組みと運営』清文社
国立社会保障・人口問題研究所編 [2002]『社会保障負担等の在り方に関する研究会報告書』
国立社会保障・人口問題研究所編 [2005]『社会保障制度改革──日本と諸外国の選択』東京大学出版会
駒村康平 [2003]『年金はどうなる──家族と雇用が変わる時代』岩波書店
柴田嘉彦 [1998]『日本の社会保障』新日本出版社
社会保障研究所編 [1989]『フランスの社会保障』東京大学出版会
武智秀之 [2003]「社会保障改革と官僚制」、武智秀之編著『福祉国家のガヴァナンス』ミネルヴァ書房、所収
橘木俊詔, 金子能宏編著 [2003]『企業福祉の制度改革──多様な働き方へ向けて』東洋経済新報社
都留民子 [2000]『フランスの貧困と社会保護──参入最低限所得（RMI）への途とその経験』法律文化社
西村周三 [2000]『保険と年金の経済学』名古屋大学出版会
日本労働研究機構欧州事務所編 [2002]『フランスの社会保障制度の概要──年金制度および年金改革を中心に』(特別リポート　Vol.4)
日本労働研究機構欧州事務所編 [2003a]『フランスの家族政策、両立支援政策及び出生率上昇の背景と要因 (1)・(2)』(特別レポートVol.5)
日本労働研究機構欧州事務所編 [2003b]『フランスの失業保険制度と職業訓練政策』(特別レポートvol.6)
花田昌宣 [2001]「フランスにおける年金基金導入を巡る論争と新たな成長体制の模索」、平野 [2001] 所収
林雅彦 [2003]「フランスの社会保障制度の概要 (1) (2) 年金制度および年金改革の動向を中心に」、日本労働研究機構 編『海外労働時報』、(1)：334号、pp.54-77、2003年2月、(2)：335号、pp.53-80、2003年3月
平野泰朗 [2001]『産業的福祉と経済社会構造』平成12年度科学研究費研究成果報告書
広井良典 [1999]『日本の社会保障』岩波新書
藤井良治 [1996]『現代フランスの社会保障』東京大学出版会
藤井良治・塩野谷祐一編 [1999]『フランス：先進国の社会保障⑥』東京大学出版会

訳者あとがき

　本書は、Jean‑Claude Barbier et Bruno Théret, *Le nouveau système français de protection sociale*, La Découverte, 2004. の全訳である。また、この日本語版においては新たに書き下ろされた「日本語版への序文」が付け加えられている。原題を直訳すれば、「フランスの新しい社会保護システム」であるが、社会保護というタームが日本においては、狭い範囲の社会保障を想起させるため、あえて日本語版では表題を変更した（「社会保護」の詳細な定義については、序章を参照されたい）。

　ちなみに、本書はDécouverte社のRepères（「ゆくべき道を指し示すもの」の意味）シリーズの第382巻目にあたる。このシリーズは、いわゆる日本でいうところの「新書」であり、あらゆる社会科学知を対象とした、最先端の研究成果を簡潔に（しかしその質においては決して妥協せずに）社会に伝達するためのツールとして、フランスにおいては多くの読者を獲得している。

　最初に翻訳上の技術的なことについて述べておこう。
　訳文では、原文のイタリックは日本語のゴチックで、" " は「 」で、（ ）および——は、基本的にそのまま（ ）および——で表示した。ただし、一部文脈においては、読みやすさを優先して、——および（ ）を、本文中に含めた箇所もある。また、翻訳するとその独自な意味が判別しがたい、いくつかのフランス語表現に関しては、原語が判別できるよう適時ルビを振った。加えて、ラテン語表記は、原文ではイタリック表示されているが、煩雑さをさけるため訳文ではその表示を省いた。

なお、本書の翻訳担当箇所は次の通りである。
　　序章、第1章、結論　中原隆幸
　　第2章、第3章　宇仁宏幸
　　日本語版への序文、第4章、第5章　神田修悦
　　第6章、第7章　須田文明
　また、日本語版では「訳者による補遺」と原著には存在していない「索引」を新たに付け加えた。それぞれの担当者は次の通りである。
　　「訳者による補遺」宇仁宏幸
　　「索引」中原隆幸

　次に、原著者の略歴を紹介しておきたい。
　著者の1人であるジャン＝クロード・バルビエ氏は、1947年1月17日、フランス・リールボンヌ県生まれ。1968年に商業高等研究院 Ecole des Hautes Etudes Commerciales（HEC）を修了して MBA を取得し、その後 1973 年にパリ第7大学（デニス＝ディデロ校）で英語学修士を、また 1997 年にはマルヌ・ラ・ヴァレ大学で社会学博士を取得している。現在は国立科学研究院（CNRS）・雇用調査センターの主任研究員を務めるとともに、パリ第1大学（パンテノン校・ソルボンヌ校）でも教鞭を執っている。
　バルビエ氏の研究領域はきわめて広く、著書・論文も膨大であるが、主として近年はフランスや EU における社会政策や雇用政策についての研究に従事している。
　主著に、*Les politiques de l'emploi en Europe*, collection Domino, Flammarion, Paris, 1997. 近著に、J-C. Barbier et Letablier M. T., eds, *Social Policy: Cross-national comparison: epistemological and methodological issues*, Brussels: PIE Peter Lang, 2005. がある。
　もう一人の著者、ブルーノ・テレ氏は、1947年4月7日フランス・カルバドス県生まれ。パリ第5大学（ルネ・デカルト校）法経済学部を卒業後、同大学で一般社会学修士および都市社会学に関する DEA（専門研究課程修了証書）を取得、その後 1990 年パリ第1大学（ソルボンヌ校）で経済学国家博士を取

得している。現在は、バルビエ氏と同じ、国立科学研究院（CNRS）・政治経済学際研究所の主任研究員を務めるとともに、パリ第9大学（ドーフィーヌ校）でも教鞭を執っている。専門は、公共財政、国家財政、地方財政のほか、予算連邦主義、国家・経済関係、社会保障システム、国際比較方法論と多岐にわたっている。

なお、氏の著作の一つは、すでにわれわれによって翻訳紹介されており（邦題『租税国家のレギュラシオン』世界書院、2000年、原著は1992年）、雑誌『世界』（岩波書店）にも短い論文（橋本一径訳、「ユーロ、その悲しきシンボル」2002年3月号、271〜276頁）が翻訳掲載されている。

近著には、*Protection sociale et Fédéralisme. L'Europe dans le miroir de Amérique du Nord*, Peter Lang, Bruxelles, et Presses de l'université de Montréal, Montréal, 2002 がある。

「失われた10年」を経てすでに欧米並みの「成熟した」先進諸国の仲間入りをしたかに見える、わが国において、現在国民がもっとも関心を抱いている社会問題は「社会保障」である。2005年度の総選挙前に行われた各種マスコミの調査によれば、実に国民の70％以上が、社会保障の問題を緊急に解決すべき問題であると考えているという。

マスメディアを通じて日々繰り返し喧伝される少子・高齢化という避けがたい現実、そしてそこから必然的にもたらされる高齢者医療費の増大や年金制度破綻への危惧、世代間の所得や資産構成における大きなゆがみと格差、さらにはニート・フリーターといった若年者失業の惨状等々、成熟社会ゆえのこうした諸問題が、まさに緊急の課題としてわれわれに突きつけられている。

とはいえ、現在こうした問題に悩んでいるのは、わが国だけではない。それは、程度の差こそあれ、ほぼすべての先進経済諸国に共通の問題である。したがって、こうした問題を「すでに経験し、何らかの政策をもって対処している」他国の事情を知ることは、わが国の社会保障制度の将来を考えるうえでもきわめて重要である。その意味で、本書は、専門研究の領域以外では、普段あまり語られることのない、フランスの社会保障制度の構造と歴史を簡潔に概観でき

る数少ない書物であるといえよう。また、すでに記したように、本訳書の巻末には、きわめて複雑なフランスの社会保障制度と日本の社会保障制度の違いを明らかにするために、「訳者による補遺」が収録されている。

　しかしながら、実のところ、本書は、上記のような実践的知識を日本の読者へ提供するだけの著作ではない。本書には社会保障制度分析に関する新たな理論が含まれている。すなわち、本書は、フランスの社会保障制度の構造的分析やその政策実践の整理という形をとりながら、従来型の社会政策論や福祉国家論、ひいては主流派経済理論に対して、強烈なアンチ・テーゼを提示しているのである。

　本書「日本語版への序文」（4ページ）でも述べられているように、現在の福祉国家論では、イエスタ・エスピン＝アンデルセンの福祉国家の類型化論が支配的学説となっている。三つのモデル（社会民主主義体制、保守主義・コーポラティズム体制、自由主義体制）からなる彼の類型化にしたがえば、日本は、アメリカ型の自由主義的福祉国家モデルに近接する、「第4のモデル」になる。その理由は、橘木［2003］が明快に述べているように、税を通じて社会化されるべき社会保障の費用が、日本においては、メゾ・レベルないしミクロ・レベルの経済主体、すなわちもっぱら企業や家計の負担によってまかなわれてきた点にある［橘木俊詔編『戦後日本経済を検証する』東京大学出版会、583頁］。実際、対GDP比での日本の社会保障支出はアメリカと並んでOCED諸国の中では下位にあり、こうした見地からすれば、たしかに社会保障は「社会化」されていない。こうした点については、アンデルセンの見解にわれわれも異論はない。

　だが日本人なら誰でも直感的にわかるように、アメリカの社会保障と日本のそれとでは、性格が大きく異なる。なるほど、日本でもアメリカでも、企業に属している労働者とそうではない人々とでは、受け取ることができる社会保障給付において差がある。しかし、国民皆健康保険制度と普遍的医療制度が曲がりなりにも機能している日本と、企業に属していないかぎり、メディケアやメディケイドなどの公的扶助や個人加入の民間保険に頼るしかないアメリカとでは、比較される社会保障制度の編成原理自体が異なっているのである。また、社会保障面で企業が果たす役割は日米では明確に異なっている。

しかし、なぜこうした差異が類型化論では重視されないのであろうか。その原因は、従来の福祉国家論が、一つあるいはいくつかの「普遍的モデル」を中心に据え、それを基準にその他のモデルを測定することに、あるいは当該経済が、社会経済システムにおける、対立する二つの原理（国家中心的な社会保障の原理と市場中心的な経済の原理）のどちらを重視して制度を構築しているのかに、その説明の力点をおいてきたことにある。むろん、われわれは、こうした類型化論を全面的に否定するわけでは決してない。むしろ、こうした類型化論は、それによって、当該の社会保障制度に欠落している側面を、理念的に指し示すことができる、という点で積極的に評価されるべきである。だが、単純化されたモデルへの還元は、同時に、当該の社会保障制度がもつ独自かつ特殊な要素を排除してしまう危険性をはらんでいる。

では本書が依拠する、各国民経済における社会保障制度の独自性や特殊性を分析するための理論とは一体何か。端的にいえば、それは次の三つの要素からなる。

第1に、カール・ポラニーの理論に依拠すれば、「社会保護」は、分裂化のリスク（たとえば、市場競争）にさらされている社会に一定の秩序とまとまりを与えるための「制度的装置」である。そして国民国家を枠組みとする、この装置は、歴史的文脈に依存して生起し、社会経済的対立と闘争からもたらされる、「社会的妥協」の産物である。したがって、理念的形態は別として現実的形態において、つねに唯一最良の（「グローバルな」と言い換えてもよい）普遍的社会保護システムへといたる道は存在しない（序論、第1章を参照）。

第2に、社会保障の理念的基本原理は、「ベヴァリッジ的原理」（社会保障の社会化）と「ビスマルク的原理」（社会保障の個別化）の二つである。しかし、このどちらか一つだけが当該経済に存在するとはかぎらない。当然にして、その混合的な原理が支配的な場合もありうる。フランスはまさにその代表的事例である。そして社会保障制度の形態はもっぱら当該経済のアクターたちの行動と選択の形態に依存しており、さらには当該経済の歴史的・制度的発展の文脈に依存する（「制度変化の経路依存性」）。またこれらの原理は歴史的過程の中でどちらか一方に収斂してしまうのではなく、既存の社会保障制度が危機に直

面するたびに、顕在化し、制度そのものは歴史的文脈に依存して優勢となった原理に応じて修正される。ただし、既存の制度全体が根本的に刷新される可能性はきわめて少ない（たとえば、第6・7章で述べられている、家族手当や失業手当の制度的発達史はその典型である。）。

　第3に、具体的な社会保障制度の構築過程は、相対的に「政治的な」過程であり、純粋な経済合理性にのみに依存しているのではない。一般に、経済学的な手法にもとづく「福祉国家モデル」では、ともすれば、国家、企業、家族などの制度形態は、所与の「制度的変数」とされがちである。つまり国家における歳入・歳出の規模、企業における利潤・賃金シェアの大きさ、家族における所得水準の性別格差に関連する性別分業のあり方などに、効果を及ぼす一要因として、社会保障制度は捉えられる。そして、その効果の大きさはもっぱら経済合理性にもとづくと捉えられることが多い。こうしたモデルでは、それぞれの制度内部での政治的な対立や妥協はすべて、経済的利害対立に還元される。

　本書では、こうした捉え方はまったく逆転されている。本書によれば、これらの制度は、単なる経済的効果を有するだけでなく、社会と個人との間を「媒介する」存在でもある。また社会保護システムの構築においては、場合によって正統性にもとづく決定が経済的合理性にもとづく決定を凌駕する場合もありうることが、具体的事例を通じて示されている（第4章で述べられている、年金制度改革、第5章の医療制度改革は、その典型的事例である）。

　「制度的妥協としての社会保護システム」、社会保障制度における「ベヴァリッジ的原理とビスマルク的原理」の拮抗と混合、ときに制度形成において優勢となる「正統性」の重要性。これら三つの要素を重視して進められた、実証分析の集大成が本書である。当然ながら、本書の結論からすれば、フランスの社会保護システムは、エスピン＝アンデルセンが類型化した「保守主義的・コーポラティズム的」システムではなく、ベヴァリッジ的原理とビスマルク的原理の混合からなる、「ハイブリッドなシステム」である。その制度の複雑さは、経済成長のありようや人口構成の変化に、構造的な遅延をともないながら逐次政策的に対応してきた（第2・3章参照）ことの結果として、また政治的対立や闘争が生じるたびごとに制度的妥協を繰り返してきたことの結果として、捉

えられることとなる。このように捉えることではじめて、「社会参入最低限所得 RMI」や「連帯雇用契約 CES」などの、フランス独自の諸制度の存在理由を理解することができるのである。

したがって、本書にしたがうかぎりにおいて、社会保障制度の考察において優先されるべきは、一国の社会保障制度をいくつかの単純化された類型の中に押し込めることではなく、それを政治的・経済的な過程の動態の帰結として捉えることである。それによってはじめて、一定の社会経済情勢の下で、社会的合意をいかに現実の制度に反映できるか、またどの程度反映しなければならないかをめぐって、客観的判断を下すための有益な材料を提供することができるであろう。

以上、もしかすると訳者あとがきの範疇を超えてしまったかもしれないが読者諸氏の御寛恕を請う次第である。

つぎに、本書の翻訳に至る経緯について述べておきたい。

訳者たちが、原著に出会ったのは、フランスにおけるその出版とほぼ同時期であった。共著者の1人である、ブルーノ・テレ氏の著作をわれわれが2000年に翻訳出版していたこともあり、当時渡仏中の清水耕一氏（岡山大学）に、テレ氏が直接原著を手渡され、われわれに届けてほしい、と依頼されたのがそもそもの始まりであった。

経済理論、とりわけフランス生まれのレギュラシオン理論やコンヴァンション理論の研究と日本へのその実践的適用に関心をもつわれわれは、これらの理論を政策分析に援用した研究を進めている。本書は、そうした理論を明示的にではないにせよ援用したものである。その意味でわれわれの関心に見事に合致する著作であり、日本へ紹介するに値する著作であった。ナカニシヤ出版編集部の酒井敏行氏に相談した際、氏はわれわれに「理論研究も重要だが今の日本には何よりも実証分析が必要、日本の実証分析のレベルを上げるうえでも本書は大いに役立つ」と翻訳を強く薦めてくださった。

われわれはフランスの社会保障制度を専門とする研究者ではない。したがって、多くの先行研究を参照しながら、訳文の作成には細心の注意を払ったつもりであるが、浅学の徒故の思わぬ誤りが含まれているかもしれない。そのよう

な場合には、読者諸氏の忌憚のないご意見を、以下のメール・アドレスまで頂戴できれば幸甚である（e-mail : tarknaka@shitennoji.ac.jp）。

最後に、本書の作成においてお世話になった次の方々にお礼を申し上げたい。

まずなによりも、原著者のバルビエ氏とテレ氏にお礼申し上げたい。「日本語版への序文」の急な執筆依頼にもかかわらず、短期間できわめて刺激的かつ示唆に富んだ序文をお送りいただけたことに心から感謝申し上げる。両氏が「日本語版への序文」末尾で述べられているような、日本の社会保障制度分析を1日も早くわれわれ自身の手で行い、その成果を世に問うことで、その期待にお応えしたいと思う。

ついで、「訳者による補遺」において参照文献として挙げた諸氏の研究は、「訳者による補遺」の作成のみならず翻訳作業においてもきわめて有意義であった。また、われわれの草稿に丹念に目を通していただき、有益なコメントをくださった平野泰朗氏（福岡県立大学）にも心から御礼申し上げる。むろん、ありうべき誤りのすべての責は訳者たちに帰されることはいうまでもない。

最後に、ともすれば仕事が遅れがちであった訳者たちを時には叱咤激励しつつ、タイムリーな本書の出版を企画し、その実現に尽力された、ナカニシヤ出版編集部の酒井敏行氏に厚く御礼申し上げる。氏の存在なくして、本訳書の出版はありえなかったであろう。

このあとがきを執筆中の2006年2月上旬、フランスに滞在する訳者の1人の宇仁から、次のような情報がもたらされた。ドビルパン首相が議会に提出した若者向けの新雇用契約（初職契約：CPE　無期契約の一種であるが、2年間の試用期間においては、解雇の際、正当理由を要しない）の導入に反対して、フランス全土で労働組合のみならず大学生や高校生までが参加する40万人規模のデモが行われた。「失われた10年」において雇用の柔軟化（派遣労働者法の改正など）が比較的スムースに進行した日本との彼我の違いを考えさせられる。

日本経済に突きつけられている社会的問題は決して経済学者や政治家だけの問題ではない。これからの日本の社会保障制度は、国民の1人1人が社会問題

をどのように捉え、どう行動し、選択するのかに大きく依存している。フランス社会が、諸勢力間の激しい「対立と闘争」を経て、「妥協としての社会保護制度」を構築してきたという事実が、日本の現実に対して与える示唆は、たとえ国民国家の形態が大きく異なろうとも、決して少なくないように思われる。むろん、日本には日本のオリジナルな道がありうるし、また必ずやそうでなければならないことを、本書は指し示している。とはいえ、フランス社会において顕著な、かかる歴史的ダイナミズムの息吹を、本書から読みとって頂き、日本の社会保障制度の将来を今一度考える機会を読者諸氏に提供することに成功したのであれば、訳者としてそれに勝る喜びはない。

2006年2月

訳者を代表して　中原　隆幸

索　引

あ

新しい貧困　　*41, 97, 101*
域内国家的な連邦主義　　*128*
イギリス的システム　　*27*
育児親手当 APE　　*118*
一律逓減手当 AUD　　*105, 123*
一般制度　　*19, 20, 35, 48, 61, 62*
一般福祉税 CSG　　*42, 44, 45, 46, 48, 49, 65, 87, 117, 123, 124*
医療
　　──援助制度 AME　　*88*
　　──ケア供給の民営化　　*83*
　　──支出の医学的抑制　　*86*
　　──自由化　　*90*
　　──診療報酬　　*88*
　　──制度改革　　*80*
　　──福祉　　*2*
　　──保険金庫　　*89, 90*
　　──保険支出の国営化　　*90*
　　──保険支出の国家目標 ONDAM　　*87, 90, 91, 93, 123, 124*
　　──保険の民営化と非普遍化　　*92*
　　国による──援助制度 AME　　*114*
　　拘束力のある──指標 RMO　　*86, 87, 123*
ウィレンスキー, H.　　*1*
ウェルフェア　　*13*
エスピン＝アンデルセン, イエスタ　　*4, 32, 118*
欧州雇用戦略 SEE　　*107, 110, 120*
オブリ、マルチヌ　　*105*

か

介護特別給付 PSD　　*114, 115*

解雇に関する法制　　*109*
開放的協調 MOC　　*126, 127, 130*
確定給付　　*70*
確定拠出　　*70*
家計サービス向け非営利制度 ISBLSM　　*21*
カステル、ロベール　　*15*
家族手当　　*53, 87, 117*
　　──金庫 CAF　　*98, 115, 116, 120*
家庭保育手当 AGED　　*120*
家父長主義　　*33*
寡婦（夫）手当　　*24, 121*
間国家的な連邦主義の形態　　*128*
管理職退職年金制度総連合 AGIRC　　*22, 62, 63, 66, 68, 70*
企業における青年契約 CJEP　　*108*
企業の保護者的原理　　*3*
期限に定めのない契約 CDI　　*109*
共済的なもの　　*24*
共済保険　　*84, 85*
共済保険加入のための援助制度　　*89*
強制加入　　*70*
競争的ディスインフレーション　　*41, 47, 58, 82, 97*
共和的普遍主義　　*4, 5*
国による医療援助制度 AME　　→　医療
グローバル化, グローバリゼーション　　*7, 18, 35, 73, 107*
　　金融の──　　*31, 43*
ケインズ主義　　*38, 73, 107*
公共的有用労働 TUC　　*96*
合計特殊出生率　　*52*
公権力による社会的介入　　*21*
　　──制度　　*22*

公職互助国民金庫 PRÉFON　69
拘束力のある医療指標 RMO　→　医療
国立統計経済研究所 INSEE　53, 54, 57, 59
個別自律手当 APA　23, 29, 114, 115, 116, 123, 124
雇用イニシアチブ契約 CIE　108
雇用復帰支援計画 PARE　106, 123
雇用復帰支援手当 ARE　106
コルベール、ジャン＝バティスト　53

さ
再就職訓練手当 AFR　104
最低限所得の論理　100
最低賃金 SMIC　59, 69
三者協議による運営　30
仕事をもつ貧困者　59
自治体社会福祉活動センター CCAS　23, 114
失業保険制度　22
失業補助手当　98
児童社会扶助 ASE　23
社会参入　5, 34, 58, 95, 96, 97, 107, 109, 110, 126
　──契約　101
　──最低限所得 RMI　16, 23, 24, 29, 42, 46, 98, 100, 101, 102, 103, 106, 113, 115, 117, 123, 124
　──手当 AI　24, 100, 104
社会人口学的条件　51
社会的排除　13, 17, 124
社会的ミニマム　5, 18, 22, 23, 24, 49, 87, 89, 95, 98, 100, 102, 110, 117, 119, 121
社会的ヨーロッパ行動計画　127
社会的リスク　13, 37, 54
社会扶助　22, 85, 95, 97, 98, 113, 114
社会保険　20
　──金庫　23, 89
　──制度　27
　──の原理　79, 80
社会保険料　43
　──の引き受け　26
社会保護　1, 16, 35, 109, 111
　──給付　38
　──権　29
　──支出の対 GDP 比　41, 42
　──の概念　2

　──の国民的システム　7, 17, 31
　──の日本的システム　7
　──会計　20
　──システム　2, 43, 44, 46, 56, 95, 99, 118, 125, 128, 129
社会保障　2, 14, 15
　──会計　41, 43
　──会計委員会 CCSS　41, 49, 123
　──家族手当保険料徴収連合会 URSSAF　46
　──金庫　23, 25, 87, 91, 114
　──財政法 LFSS　48, 87, 88, 90, 91, 123, 124
　──債務　87
　──債務返済金庫 CADES　48
　──債務返済税 CRDA　49, 87
　──事業者負担の軽減　110
　──諸機関補償基金 FCOSS　25
　──の赤字　47, 49, 126
　──の資金調達　48
社会民主主義　30, 32, 129
シャルパン報告　54, 67, 68, 69
就業最低限所得 RMA　102
自由主義　32, 129
　──的モデル　7
　──的・残余主義的社会モデル　129
宿泊・社会再参入センター CHRS　23, 97, 113, 114
シュワルツ報告　96
出産奨励主義　33, 53
出生率　52
ジュペ、アラン　48
ジュペ・プラン　2, 42, 47, 48, 49, 66, 67, 86, 87, 88, 90, 91, 118
純粋予算方式　83
障害者
　──基本法　96
　──雇用　97
　──最低所得保障給付　24, 99
　──のための労働援助センター CAT　23, 100, 114
障害保険年金　99
商工業雇用協会 ASSEDIC　22, 98, 104
職業転換協定 CC　104
ジョスパン、リオネル　54, 67, 69, 88, 108, 114, 118

索引　163

所得の定額最低限補償　28
人権宣言　16
神聖な義務　16, 29
救いの神（プロヴィドンス）　13
成人障害者手当 AAH　24, 98, 99, 117
成人職業訓練連合会 AFPA　22
制度、諸制度（アンスティチュシオン）　14, 15, 48, 127
制度（レジーム）　20, 35, 124
セクター1　83
セクター2　82, 83
世代間の公平性　71
積極的差別是正措置　108
全国家族協会連合会 UNAF　116
全国家族手当金庫 CNAF　26, 45, 46, 119
全国雇用局 ANPE　22, 104
全国手工業者老齢保険調整自治金庫 CANCAVA　62
全国商工業雇用協会職際連合会 UNEDIC　22, 103, 105, 106
全国商工業自営業者自治組織調整金庫 ORGANIC　62
全国被用者医療保険金庫 CNAMTS　45, 46, 80, 81, 82, 89, 91
全国被用者老齢保険金庫 CNAVTS　27, 62, 70
ソーシャル・セキュリティー　→　社会保障

た
待機特別手当 ASA　104, 106
タデ報告　67
多様な変化に対応する（パラメトリックな）改革　77
男女間の就業率格差　34
地位の不平等　5, 6
地方病院局 ARH　87, 88
地方分権化法　23
チャーチル、ウィンストン　14
「強いフラン」政策　41
賃金に対する年金スライド　63
賃金の物価インデクセーションの廃止　41
積立方式　70, 72, 73
ディスインフレ政策　41
ティトマス、リチャード・M　32
デュルケーム、エミール　16
ドイツ的システム　27
トゥラド報告　67
特別制度　22, 61
特別連帯手当 ASS　22, 24, 100, 104, 105, 106, 110, 123
独立自営業者医療保険金庫 CANAM　80
ドロール委員会白書　126

な
ニース条約　127
任意加入　70
認可家事支援雇用助成 AFEAMA　120
ネオ・リベラリズム、ネオ・リベラル　74, 123, 124, 127
年金
　──基金社会主義　75
　──準備基金　67
　──制度改革　78
　──方針決定会議 COR　69
農業社会共済組合 MSA　80

は
バラデュール、エドゥアール　65
バラデュール改革　42, 48, 64
ビスマルク、オットー＝フォン　27
　──的　4, 27, 28, 30, 32, 44, 46, 48, 89, 92, 124
非正規職員補足退職年金制度 IRCANTEC　62
非典型雇用　57
ひとり親手当 API　24, 98, 99, 100, 117
非被用者の基礎制度　20
ビュイソン、フェルディナン　15
被用者補足退職年金制度連合会 ARRCO　22, 62, 63, 66, 68, 70
フィヨン・ラファラン改革　68, 77
フォード主義　38, 73
賦課方式　70, 73
福祉国家（ウェルフェア・ステート）　1, 3, 13
　自由主義的──　2
福祉国家（エタ・プロヴィドンス）　13
　──の危機　34, 37, 47
　──の窮乏　115

——の崩壊　*123*
コーポラティズム的・保守主義的——　*4, 32, 123*
福祉資本主義の3類型　*3*
普遍的医療保障 CMU　*22, 24, 29, 80, 83, 84, 87, 88, 89, 114, 115, 123, 124*
フランス革命　*16, 29, 30*
フランス産業連盟 MEDEF　*35, 55, 91, 103, 106*
フランス社会党　*41*
フランス全国経営者評議会 CNPF　*35, 103, 105*
フランス民主主義労働同盟 CFDT　*35, 66, 67, 91, 103, 104, 105, 106*
フランス労働総同盟 CGT　*104, 106*
フランス労働総同盟・労働者の力 CGT‐FO　*91*
フレキシビリティ戦略　*43*
ベヴァリッジ、ウィリアム=ヘンリー　*27, 28, 30*
　——計画　*14, 28*
　——主義　*89, 101, 116, 125*
　——的　*27, 28, 30, 32, 33, 46, 84, 92, 103, 124*
　フランスの——　*14*
ベレゴボワ、ピエール　*105*
ペロン、ギイ　*32*
ホスピタルフィー　*82, 83, 89*
母性・小児保護 PMI　*23*
保母サービスへの手当　*120*
ポラニー、カール　*16*
ボルロー、ジャン=ルイ　*5*

ま

マーストリヒト基準　*42*
マーストリヒト条約　*47, 125, 126*
マネタリズム　*41*
マルサス主義　*81, 86*

ミッテラン、フランソワ　*41*
メリアン、フランソワ=グザヴィエ　*4*

や

要介護者のための補償手当　*114*
幼児受け入れ手当　*120*
ヨーロッパ化　*18*
ヨーロッパ統一市場　*42*
ヨーロッパの行動計画　*31*

ら

ラファラン、ジャン=ピエール　*67, 69, 86, 91, 102*
ラロック、ピエール　*14, 15, 19, 28*
リスボン・サミット　*31*
類型学　*32*
　——的推論　*33*
連帯雇用契約 CES　*108*
労使代表による運営（パリタリズム）　*30, 87, 91, 103, 124*
労働組合　*47*
労働市場の自由主義的改革　*111*
労働市場の柔軟化、フレキシビリティ　*31, 43*
労働者の力 FO　*66, 103, 106*
労働総同盟・労働者の力 CGT‐FO　*35*
ルクセンブルグ・ヨーロッパ・サミット　*31*
連帯雇用契約 CES　*59, 123*
老齢最低所得保障給付　*24, 61, 121*
老齢年金金庫　*121*
老齢連帯基金 FSV　*26, 45, 46, 65, 121*
ロザンヴァロン、ピエール　*13, 15*
ロベスピエール、マクシミリアン　*29*

わ

ワークフェア　*5, 97*
若いヨーロッパ　*52*

【著者】

ジャン゠クロード・バルビエ　Jean-Claude Barbier
1947年生まれ。商業高等研究院（HEC）卒業。国立科学研究院（CNRS）・雇用調査センター主任研究員。パリ第1大学で教鞭を執る。フランスやEUの社会政策、雇用政策を研究。主著に *Les politiques de l'emploi en Europe*。

ブルーノ・テレ Bruno Théret
1947年生まれ。パリ第5大学法経済学部卒業。国立科学研究院（CNRS）・政治経済学際研究所主任研究員。パリ第9大学で教鞭を執る。公共財政、社会保障システムなどを研究。邦訳文献に、『租税国家のレギュラシオン』（世界書院）、「ユーロ、その悲しきシンボル」（『世界』2002年3月号）。

【訳者】
中原隆幸
1963年生まれ。関西大学経済学部卒業。名古屋市立大学大学院経済学研究科博士後期課程単位取得退学。現在、四天王寺国際仏教大学人文社会学部助教授。おもな著作に「構造からレギュラシオンへ」(『季刊 経済理論』第42巻第2号、桜井書店)、訳書にテレ『租税国家のレギュラシオン』(共訳、世界書院)。

宇仁宏幸
1954年生まれ。京都大学工学部卒業。大阪市立大学大学院経済学研究科博士後期課程修了。現在、京都大学大学院経済学研究科教授。おもな著書に、『構造変化と資本蓄積』(有斐閣)、『入門社会経済学』(共著、ナカニシヤ出版)など。

神田修悦
1961年生まれ。大阪大学大学院文学研究科博士後期課程単位取得退学。2002年仏・カーン大学大学院博士課程修了。現在、関西外国語大学国際言語学部教授。おもな訳書に、コフマン『シングル』(共訳、昭和堂)など。

須田文明
1960年生まれ。早稲田大学政治経済学部、京都大学法学部卒業。京都大学大学院農学研究科博士課程中退。現在、農林水産省農林水産政策研究所主任研究官。おもな訳書に、バリバール／ウォーラスティン『人種・国民・階級』(共訳、

フランスの社会保障システム——社会保護の生成と発展

2006年4月20日　初版第1刷発行　　　定価はカヴァーに表示してあります。

著　者　ジャン＝クロード・バルビエ
　　　　ブルーノ・テレ
訳　者　中原隆幸　　宇仁宏幸
　　　　神田修悦　　須田文明
発行者　中西健夫
発行所　株式会社ナカニシヤ出版
　　　　〒606-8161　京都市左京区一乗寺木ノ本町15番地
　　　　　　　　　　　　　Telephone　075-723-0111
　　　　　　　　　　　　　Facsimile　075-723-0095
　　　　　　　Website http://www.nakanishiya.co.jp/
　　　　　　　Email　iihon-ippai@nakanishiya.co.jp
　　　　　　　　　　郵便振替　01030-0-13128

装丁＝白沢　正／印刷・製本＝ファインワークス
Printed in Japan.
ISBN4-7795-0075-3